CONSERVAS DE FRUTA Y VERDURA

CONSERVAS DE FRUTA Y VERDURA

A pesar de haber puesto el máximo cuidado en la redacción de esta obra, el autor o el editor no pueden en modo alguno responsabilizarse por las informaciones (fórmulas, recetas, técnicas, etc.) vertidas en el texto. Se aconseja, en el caso de problemas específicos —a menudo únicos— de cada lector en particular, que se consulte con una persona cualificada para obtener las informaciones más completas, más exactas y lo más actualizadas posible. EDITORIAL DE VECCHI, S. A. U.. U.

© Editorial De Vecchi, S. A. 2018
© [2018] Confidential Concepts International Ltd., Ireland
Subsidiary company of Confidential Concepts Inc, USA
ISBN: 978-1-68325-759-2

El Código Penal vigente dispone: «Será castigado con la pena de prisión de seis meses a dos años o de multa de seis a veinticuatro meses quien, con ánimo de lucro y en perjuicio de tercero, reproduzca, plagie, distribuya o comunique públicamente, en todo o en parte, una obra literaria, artística o científica, o su transformación, interpretación o ejecución artística fijada en cualquier tipo de soporte o comunicada a través de cualquier medio, sin la autorización de los titulares de los correspondientes derechos de propiedad intelectual o de sus cesionarios. La misma pena se impondrá a quien intencionadamente importe, exporte o almacene ejemplares de dichas obras o producciones o ejecuciones sin la referida autorización». (Artículo 270)

ÍNDICE

Introducción	7
CONSERVAS DE FRUTAS Normas de elaboración	11
Las propiedades de las frutas	15
CONSERVAS DE VERDURAS Normas de elaboración	97
Las propiedades de las verduras	99
Encurtidos	118
Verduras en aceite	123
Verduras en salmuera	127
Verduras secas	133
Las aceitunas	136
Hierbas y vinagres aromáticos	142
Índice de recetas	155

Introducción

Conservar frutas y verduras constituye una excelente forma de disfrutar de estos alimentos durante todo el año. El hombre ha recurrido a esta técnica culinaria desde que tuvo la necesidad de proveerse de reservas para los tiempos de escasez, pero también con el fin de no desperdiciar la fruta y la verdura cosechadas. Mediante las conservas de alimentos se aumenta su vida útil y, por tanto, se pueden consumir sin que sean perjudiciales para la salud.

Es cierto que, actualmente, la industria y el comercio proporcionan productos en conserva en abundancia, listos para su consumo, pero adquirirlos no genera la emoción y el gran placer que se experimenta al elaborarlos en el hogar.

Las mermeladas, las compotas, las jaleas, los licores, las conservas en aceite, los encurtidos y las salmueras son sólo algunos de los tipos de conservas más conocidos que se presentan en este libro. Desde las normas de elaboración de las conservas hasta una amplia selección de recetas, pasando por una breve presentación de frutas y verduras susceptibles de ser conservadas, en esta obra encontrará las delicias que todavía hoy se realizan de forma tradicional en muchas cocinas.

Estas recetas están dirigidas a los aficionados a la preparación de provisiones que guardan en sus despensas botes, botellas, tarros y frascos con el entusiasmo propio de un coleccionista.

CONSERVAS DE FRUTAS

Si en la superficie de la mermelada o la jalea se forma algo de espuma, baje la llama y espume continuamente hasta eliminarla.

Los mejores recipientes para envasar conservas son los de vidrio de cuello ancho, que resultan más fáciles de llenar, vaciar y limpiar. La tapa puede ser de rosca, pero es más práctico el tapón de vidrio provisto de un aro de goma, ancho y plano; siempre lleva un sistema de cierre hermético, de muelle o pinza. Los aros han de estar perfectamente limpios y conservar la elasticidad; si son viejos o se han endurecido, es necesario cambiarlos.

Antes de iniciar la elaboración de la conserva se han de tener a punto los recipientes en los que se envasará: límpielos y compruebe que el cierre funciona perfectamente. Para esterilizar los envases, así como el resto de utensilios, sumérjalos en una olla con agua hirviendo durante 15 minutos. Cuando el agua esté tibia, sáquelos procurando no tocar el interior, escúrralos bien y colóquelos boca abajo sobre un paño de cocina limpio extendido sobre una mesa.

Necesitará también papel parafinado, nuevo y limpio, para forrar la parte interior de las tapas: córtelo en discos, de iguales dimensiones que las tapas (si los tapones son de vidrio esmerilado, no es necesario usar este papel). Antes de colocar los discos de papel parafinado, han de mojarse en aguardiente, alcohol o ron. Este último proporciona a las confituras un aroma muy delicado. Si teme que la confitura pueda resultar un poco insípida, antes de cerrar el envase vierta un dedo de ron y en el momento de servirla remuévala con una cucharilla para que tenga un agradable olor y sabor.

Antes de llenar los tarros, hay que mover la confitura cuidadosamente, que, a continuación, deberá verter a cucharadas.

Las confituras no han de ser consumidas hasta pasados dos o tres meses de su preparación. Después de esterilizar los botes, etiquételos indicando sobre todo la fecha de envasado. Una vez abierta, la conserva se guarda en la nevera y se consume lo antes posible.

El lugar ideal para guardar confituras, jarabes, frutas en almíbar, etc., es la bodega, si es fresca, ventilada y seca, o bien un trastero o una despensa; en todo caso, siempre debe tratarse de un lugar fresco y oscuro.

Una última recomendación: antes de abrir la conserva, hay que revisar el envase; si presenta alguna raja o rotura, o si la tapa está abultada, no se puede consumir, ya que es signo de que está en mal estado.

EL MÉTODO DE LOS ANTISÉPTICOS

La fruta, así como otros alimentos, se puede conservar por el método de los antisépticos, es decir, sustancias que paralizan el desarrollo de los microbios. Los antisépticos más utilizados en la elaboración de conservas caseras son la sal, el azúcar, el vinagre y el alcohol. Generalmente la sal se emplea en salmueras y salazones; el azúcar, en mermeladas, jaleas y confituras de fruta, y el vinagre, en los encurtidos. Aunque el alcohol es antiséptico a partir de 18°, para las conservas de frutas hay que utilizar una graduación mayor, de como mínimo 45°, ya que la fruta suelta mucha agua y, en consecuencia, rebaja la graduación del alcohol.

CÓMO SOLUCIONAR ALGUNOS DEFECTOS EN LA CONFITURA

Al confeccionar las confituras se pueden presentar algunos problemas. Veamos cuáles son los más habituales y cómo solucionarlos.

Confitura cristalizada

- Causa: fruta sin el suficiente grado de acidez o demasiado cocida.

- Solución: si la fruta es poco ácida, vuelva a cocer la confitura añadiendo un chorrito de limón o una cucharada de vinagre por cada kilo de mermelada; también puede añadir un pellizco de ácido cítrico antes de volver a cocer.

Si el problema es que la fruta está demasiado cocida, puede deshacer la capa de azúcar cristalizado que recubre la mermelada con un poco de agua hirviendo: viértala sobre la confitura antes de utilizarla y remueva bien para repartir el almíbar. No obstante, no olvide que un tarro abierto no puede conservarse durante mucho tiempo.

Confitura demasiado líquida

- Causa: falta de pectina.

- Solución: vuelva a cocer la mermelada con jalea de manzana o de grosella, con pectina o con un gelificante, que se puede adquirir en comercios especializados. La pectina es un espesante natural que resulta imprescindible para que las mermeladas adquieran la consistencia adecuada. Se encuentra en diferentes cantidades en diversas frutas. Hay un tipo de azúcar con un porcentaje muy elevado de gelificante que permite la cocción en un tiempo más reducido.

CONTENIDO DE PECTINA DE DIVERSAS FRUTAS

Albaricoque	medio	Manzana	alto
Cerezas	bajo	Melocotón	bajo
Ciruelas amarillas	alto	Membrillo	alto
Ciruelas claudias	medio	Moras	medio
Ciruelas rojas	alto	Pera	bajo
Cítricos	alto		

Confitura enmohecida

• Causa: se debe a la humedad, a que la confitura no contiene suficiente azúcar o a que se ha envasado demasiado tarde.

• Solución: retire la capa de moho cuidadosamente y vuelva a cocer la mermelada o bien consúmala inmediatamente. Si la causa es una cantidad insuficiente de azúcar, añada un poco más y vuelva a cocerla. Recuerde que el azúcar siempre debe pesarse para utilizar la cantidad necesaria; si no dispone de una balanza de cocina, puede usar terrones de azúcar, que pesan aproximadamente 5 g cada uno. De todas formas, si la mermelada está muy afectada por el moho, es preferible no consumirla.

Confitura fermentada

• Causa: cocción insuficiente.

• Solución: en este caso, es preferible no consumir la mermelada.

Las propiedades de las frutas

A continuación se presentan las características básicas de las frutas más utilizadas tradicionalmente para realizar conservas. Es interesante conocer cuándo se encuentran en el mercado, para elaborar las conservas en el momento óptimo, y resulta igualmente útil saber cuáles son sus aplicaciones culinarias, propiedades terapéuticas y valores nutritivos.

ALBARICOQUE

El albaricoque es el fruto del *Prunus armeniaca*, perteneciente a la familia de las Rosáceas. Las flores del albaricoquero, blancas o rosadas, se abren en primavera y los frutos, de pulpa blanda y dulce, maduran en mayo. Muy ricos en vitaminas y azúcares, los albaricoques constituyen un alimento de primer orden cuyo consumo no presenta ninguna contraindicación.

Con esta fruta se preparan confituras y jaleas exquisitas. Con los albaricoques, y también con los melocotones, cocidos en vino con azúcar y cáscara de limón, y secados al aire o al sol, se realizan los orejones, deliciosos incluso en pleno invierno.

Si los albaricoques están verdes, límpielos muy bien y ábralos por la mitad para eliminar el hueso. Sumérjalos en agua hirviendo y córtelos en tajaditas; déjelas secar al aire o al sol durante una semana. Una vez transcurrido ese tiempo, guárdelos en bolsas de papel o en botes de vidrio.

Si los albaricoques están maduros, después de lavarlos y secarlos bien, escáldelos en agua con un pellizco de bicarbonato. Aclárelos con agua tibia, déjelos escurrir y quíteles el hueso. Déjelos secar al aire encima de una rejilla, con la parte interna mirando hacia arriba; transcurrida una semana, deles la vuelta y siete días después ya estarán listos.

VALOR NUTRICIONAL POR CADA 100 G DE PORCIÓN COMESTIBLE

Energía: 47,6 kcal
Proteínas: 0,875 g
Vitamina B_2: 0,053 mg

Fibra: 1,54 g
Vitamina A: 280 μg
Vitamina PP: 0,65 mg

Carbohidratos: 8,54 g
Vitamina B_1: 0,04 mg
Vitamina C: 6 mg

AVELLANA

Corylus avellana, o avellano común, es un arbusto muy extendido en los bosques de nuestro país, donde crece de forma espontánea, pero también se cultiva ampliamente. Pertenece a la familia de las Betuláceas y sus frutos maduran entre finales de verano y principios de otoño.

Las avellanas, que se consumen tanto crudas como cocinadas, poseen un alto valor nutricional, pero, al igual que otros frutos secos, no son siempre toleradas por las personas que padecen dificultades digestivas.

La avellana se utiliza ampliamente en confitería y las hojas de avellano se preparan en infusión para curar llagas y ulceraciones.

VALOR NUTRICIONAL POR CADA 100 G DE PORCIÓN COMESTIBLE

Energía: 563 kcal
Proteínas: 25,23 g
Vitamina B_2: 0,155 mg
Fibra: 8,1 g
Vitamina A: 0,333 µg
Vitamina PP: 18,383 mg
Carbohidratos: 7,91 g
Vitamina B_1: 0,9 mg
Vitamina C: –

CEREZA

Cultivado en las huertas de toda la península, el cerezo *(Prunus cerassus)*, de la familia de las Rosáceas, es el primer árbol que se cubre en primavera de flores blancas y perfumadas. Su fruto madura a finales de abril o en mayo, en función del clima.

Las cerezas pueden consumirse frescas o confitadas y se utilizan con profusión en confitería y en la elaboración de algunos licores, como el kirsch y el marrasquino.

Tanto los rabillos como el fruto poseen propiedades diuréticas, refrescantes y astringentes. Con cerezas se elaboran preparados y licores para combatir la artritis y los niveles elevados de ácido úrico. Ricas en hidratos de carbono, son fácilmente tolerables por los diabéticos.

Una forma sencilla de conservar las cerezas es la siguiente: lávalas bien, échalas en agua hirviendo con un pellizco de bicarbonato y, transcurrido un minuto, escúrralas. Sin quitarles el hueso, déjalas secar sobre una mesa durante una semana, deles la vuelta y a los siete días guárdelas en frascos.

VALOR NUTRICIONAL POR CADA 100 G DE PORCIÓN COMESTIBLE

Energía: 65 kcal
Proteínas: 0,88 g
Vitamina B_2: 0,042 mg
Fibra: 1,31 g
Vitamina A: 5,8 µg
Vitamina PP: 0,333 mg
Carbohidratos: 13,3 g
Vitamina B_1: 0,039 mg
Vitamina C: 15 mg

CIRUELA

El ciruelo, o *Prunus domestica*, pertenece a la familia de las Rosáceas y es un árbol muy difundido y cultivado en nuestro país. Sus flores, blancas o rosadas, se abren en primavera y los frutos maduran desde mayo hasta muy avanzado el otoño.

La ciruela puede comerse cruda, seca (ciruela pasa) o en conserva (mermeladas, compotas, jaleas, confituras...). Esta fruta es rica en hidratos de carbono y pobre en lípidos y proteínas.

Desde antiguo se conocen las cualidades laxantes de esta fruta: dos o tres ciruelas pasas puestas a remojar durante la noche y consumidas por la mañana junto con el agua de remojo regulan la función intestinal.

También las hojas tiernas, recogidas en primavera, poseen notables cualidades terapéuticas.

Los trastornos que pueden prevenir o combatir las ciruelas y sus hojas son el estreñimiento, el enfriamiento, la ronquera, la tos, las dificultades digestivas y las lombrices intestinales. Además, las ciruelas frescas, ricas en vitaminas, entran en la composición de las dietas adelgazantes.

VALOR NUTRICIONAL POR CADA 100 G DE PORCIÓN COMESTIBLE DE CIRUELAS FRESCAS

Energía: 51,8 kcal
Proteínas: 0,625 g
Vitamina B_2: 0,043 mg
Fibra: 1,58 g
Vitamina A: 64,67 µg
Vitamina PP: 1,31 mg
Carbohidratos: 10,2 g
Vitamina B_1: 0,072 mg
Vitamina C: 5,4 mg

VALOR NUTRICIONAL POR CADA 100 G DE PORCIÓN COMESTIBLE DE CIRUELAS PASAS

Energía: 237 kcal
Proteínas: 2,31 g
Vitamina B_2: 0,12 mg
Fibra: 17,8 g
Vitamina A: 75 µg
Vitamina PP: 1,9 mg
Carbohidratos: 42,4 g
Vitamina B_1: 0,15 mg
Vitamina C: 2 mg

FRAMBUESA

Perteneciente a la familia de las Rosáceas, la planta de la frambuesa *(Rubus idaeus)* crece de forma espontánea en las zonas más frescas y umbrosas de España. La mayoría fructifica en verano, pero también existen variedades de otoño, por lo que los meses para degustarlas son julio, agosto, septiembre y octubre.

La frambuesa es rica en vitamina C y ácido fólico, y por su bajo nivel en proteínas y grasas, y de azúcar tolerable, se recomienda su consumo a las personas diabéticas.

Desde el punto de vista terapéutico, es muy interesante por sus propiedades diuréticas, refrescantes, astringentes, ligeramente laxantes, suavemente calmantes del sistema nervioso y antirreumáticas. Con las hojas secas se preparan infusiones contra las inflamaciones de la garganta e intestinos. Muy ricos en principios nutritivos, los frutos entran en la composición de dietas adelgazantes.

VALOR NUTRICIONAL POR CADA 100 G DE PORCIÓN COMESTIBLE

Energía: 42,9 kcal
Proteínas: 1,31 g
Vitamina B_2: 0,05 mg
Fibra: 4,68 g
Vitamina A: 3,75 µg
Vitamina PP: 0,78 mg
Carbohidratos: 4,81 g
Vitamina B_1: 0,023 mg
Vitamina C: 25 mg

FRESA

Perteneciente a la familia de las Rosáceas, la *Fragaria vesca*, según las variedades, florece desde principios del invierno hasta principios del verano y sus frutos maduran durante la primavera y el verano, de marzo a julio. Las fresas pequeñas, de bosque, son las más perfumadas y sabrosas; los fresones, cultivados y carnosos, no tienen tanto perfume.

El principal componente de la fresa es el agua, seguida de los hidratos de carbono. Destaca su elevado contenido en vitamina C. Dado que es una fruta rica en principios nutritivos, la fresa está indicada para los anémicos. Se desaconseja a los obesos y a todos aquellos que padecen urticaria o erupciones de la piel provocadas por alergias.

La planta de la fresa, tanto las hojas como el rizoma, tiene propiedades refrescantes, astringentes, antigotosas y diuréticas; se utiliza en el tratamiento de afecciones de la boca, rojeces de la piel causadas por el frío, llagas, heridas y úlceras.

Además de consumirse frescas, solas o acompañadas con nata, zumo, vino, azúcar..., las fresas se utilizan en múltiples preparaciones: mermeladas, jaleas, helados, batidos, sorbetes, etc.

VALOR NUTRICIONAL POR CADA 100 G DE PORCIÓN COMESTIBLE

Energía: 35,3 kcal
Proteínas: 0,81 g
Vitamina B_2: 0,054 mg
Fibra: 1,63 g
Vitamina A: 3 µg
Vitamina PP: 0,79 mg
Carbohidratos: 5,51 g
Vitamina B_1: 0,031 mg
Vitamina C: 54,93 mg

GRANADA

Perteneciente a la familia de las Puniáceas, durante la primavera, el granado, *Punica granatum*, produce flores rojas, de extraordinaria belleza; sus frutos maduran a principios de otoño. Son como una gran baya globosa, con piel coriácea, y llenos de una enorme cantidad de semillas prismáticas, carnosas, rojas, jugosas, con un sabor ligeramente ácido.

De este magnífico árbol de origen africano se emplean, además de los frutos, las raíces, la corteza, las hojas y las flores.

Muy rica en principios activos, la granada se ha mostrado muy valiosa en el tratamiento y la prevención de las inflamaciones de la boca y la garganta y en las afecciones intestinales y de la vejiga.

La granada se suele consumir fresca o en zumo. El derivado más importante de esta fruta es la granadina, un refresco.

VALOR NUTRICIONAL POR CADA 100 G DE PORCIÓN COMESTIBLE

Energía: 78,8 kcal
Proteínas: 0,69 g
Vitamina B_2: 0,02 mg
Fibra: 2,24 g
Vitamina A: 6,7 µg
Vitamina PP: –
Carbohidratos: 16,1 g
Vitamina B_1: 0,05 mg
Vitamina C: 7 mg

GUINDA

La guinda es el fruto de gusto agridulce del *Prunus cerasus*, árbol de la familia de las Rosáceas originario del Asia Menor. Se trata de una variedad de cereza silvestre más ácida, de piel rojo oscuro y pulpa muy sabrosa. En el mercado se dispone de guindas frescas desde finales de abril hasta mediados de agosto.

La guinda comparte muchas características con la cereza, como los principios nutritivos y el valor calórico. Es rica en fructosa, el azúcar de la fruta, y destaca la cantidad de fibra, que favorece el tránsito intestinal.

Fundamentalmente se consumen frescas y, debido a su sabor ácido, en conserva, sobre todo almibaradas.

VALOR NUTRICIONAL POR CADA 100 G DE PORCIÓN COMESTIBLE

Energía: 65 kcal
Proteínas: 0,88
Vitamina B_2: 0,042 mg
Fibra: 1,31 g
Vitamina A: 5,8 µg
Vitamina PP: 0,033 mg
Carbohidratos: 13,3 g
Vitamina B_1: 0,039 mg
Vitamina C: 15 mg

LIMÓN

Perteneciente a la familia de las Rutáceas, el limonero *(Citrus limonum)* es una de las plantas más interesantes y consumidas que existen. Originario de Asia, donde se cultiva desde hace 2500 años, en nuestro país se cultiva especialmente en la denominada zona de los naranjos, el Levante, con los que comparte muchas características. Existen numerosas variedades de esta fruta, que está disponible en los mercados durante todo el año.

El limón es un cítrico de sabor ácido y gran fragancia, con múltiples aplicaciones culinarias. La piel contiene abundante aceite esencial y los gajos, jugosos y ácidos, son ricos en vitamina C.

Desde el punto de vista terapéutico, el limón es un fruto único, cuyo consumo no implica ninguna contraindicación. Además de refrescante, es rico en principios activos, por lo que constituye un remedio eficaz contra las hemorragias, la hipertensión, los trastornos digestivos, el ácido úrico, la arteriosclerosis, las neuralgias, las jaquecas, la obesidad, las alteraciones del metabolismo basal y las afecciones de la boca y la garganta. Además, es desinfectante y cicatrizante.

El sabor del zumo de limón, acusadamente ácido, no complace a todos los paladares; rebajado con azúcar o miel, o preparado en conserva o gelatina, el limón constituye un alimento de primerísima calidad. Existen muchos productos derivados, como zumos, mermeladas, granizados...

Para conservarlos se pueden arrancar del árbol cuando aún están verdes, secarlos con un paño y envolverlos, uno a uno, en papel de seda. A continuación, se colocan, con el rabo hacia abajo, en cajas de madera. Se recomienda recubrir cada capa con abundante cantidad de arena seca (previamente se hornea y se usa sólo cuando se haya enfriado completamente); la última capa se recubre con papel de periódico. Se guardan las cajas en un lugar seco y bien aireado. Para una conservación más limitada, de sólo unas semanas, basta con mantener los limones sumergidos en agua fría, que debe cambiarse diariamente.

VALOR NUTRICIONAL POR CADA 100 G DE PORCIÓN COMESTIBLE

Energía: 42,1 kcal
Proteínas: 0,69 g
Vitamina B_2: 0,02 mg
Fibra: 4,7 g
Vitamina A: 0,567 µg
Vitamina PP: 0,267 mg
Carbohidratos: 3,16 g
Vitamina B_1: 0,051 mg
Vitamina C: 51 mg

MANDARINA

El mandarino, o *Citrus nobilis*, de la familia de las Rutáceas, tiene características similares al naranjo. Su fruto, de piel anaranjada, es parecido a la naranja, pero mucho más perfumado, frágil y rico en aceites esenciales; también presenta mayor contenido hídrico y menos carbohidratos. La flor se abre en primavera y es blanca e intensamente perfumada. Los frutos maduran bien entrado el otoño y se encuentran en los mercados cuando se aproxima la Navidad.

La mandarina tiene un tamaño mediano y forma aplastada; la pulpa está formada por gajos, es azucarada y tiene un sabor mucho menos intenso que su aroma. Su aporte calórico es bajo.

En nuestro país se cultivan diversas variedades, pero las más apreciadas son las desprovistas de semillas, en particular la clementina, que es un híbrido de mandarino y naranjo agrio, de maduración precoz, excelentes cualidades organolépticas y pulpa muy dulce. Otra de las variedades interesantes es la satsuma, también sin pepitas, que se puede consumir cuando la corteza conserva todavía el color verde.

Aunque se consumen sobre todo frescas, con mandarinas se prepara una gran variedad de mermeladas, gelatinas y licores.

VALOR NUTRICIONAL POR CADA 100 G DE PORCIÓN COMESTIBLE

Energía: 44,7 kcal   Fibra: 1,8 g   Carbohidratos: 9,2 g
Proteínas: 0,63 g   Vitamina A: 64,99 µg   Vitamina B_1: 0,06 mg
Vitamina B_2: 0,03 mg   Vitamina PP: 0,41 mg   Vitamina C: 32,02 mg

MANZANA

El manzano *(Malus domestica)*, de la familia de las Rosáceas, es uno de los árboles frutales más cultivados en todo el mundo. Gracias a que existe una gran variedad de manzanas en el mercado (golden, granny smith, gala, reineta...), de piel verde, amarilla o roja, y pulpa jugosa y dulce, pueden consumirse durante todo el año, pero la mejor época es el invierno.

Un 85 % de la composición de la manzana es agua, por lo que resulta un alimento muy refrescante e hidratante, y poco calórico. Además, su contenido en fibra la convierten en un remedio natural para combatir el estreñimiento. La manzana también tiene propiedades antioxidantes.

Es una fruta de mesa que también se consume en ensaladas, salsas y guisos, pero sobre todo se utiliza en repostería y para elaborar exquisitas compotas, mermeladas y zumos.

VALOR NUTRICIONAL POR CADA 100 G DE PORCIÓN COMESTIBLE

Energía: 55,5 kcal   Fibra: 2,02 g   Carbohidratos: 11,4 g
Proteínas: 0,313 g   Vitamina A: 3 µg   Vitamina B_1: 0,035 mg
Vitamina B_2: 0,032 mg   Vitamina PP: 0,133 mg   Vitamina C: 12,4 mg

MELOCOTÓN

El melocotonero *(Prunus persica)* pertenece a la familia de las Rosáceas. Durante los primeros días de la primavera, antes de que aparezcan las hojas, las ramas desnudas se cubren de flores rosadas. El fruto, el melocotón o durazno, madura durante los meses de verano.

Se cultivan melocotones de distintas variedades, de carne dura, que se adhiere firmemente al hueso, y de carne muy blanda y jugosa, que se separa con facilidad del hueso (en ocasiones este aparece partido, dejando ver la semilla). No obstante, las más de dos mil variedades que existen de melocotón pueden clasificarse en tres grandes grupos: de carne amarilla, de carne blanca y paraguayo, de sabor más dulce.

Los melocotones, sea cualquiera la variedad a la que pertenezcan, son siempre muy sabrosos, perfumados y ricos en vitaminas y otras sustancias de alto valor nutricional. Forman parte de las dietas adelgazantes y se aconseja su consumo en estados anémicos e inapetentes. Con las hojas del melocotonero se preparan cataplasmas muy eficaces contra las erupciones cutáneas.

Además de crudos (y, mejor, sin pelar, porque la piel es muy rica en provitamina A), los melocotones se consumen en forma de zumos, mermeladas, dulces y almíbares.

VALOR NUTRICIONAL POR CADA 100 G DE PORCIÓN COMESTIBLE

Energía: 52,5 kcal
Proteínas: 1 g
Vitamina B_2: 0,04 mg

Fibra: 1,9 g
Vitamina A: 17,7 µg
Vitamina PP: 0,997 mg

Carbohidratos: 10,3 g
Vitamina B_1: 0,02 mg
Vitamina C: 8,85 mg

MEMBRILLO

El membrillo es el fruto del *Cydonia vulgaris*, árbol perteneciente a la familia de las Rosáceas, originario de Asia y muy cultivado en España. En la Grecia clásica los membrillos eran el símbolo del amor y la fecundidad. Esta fruta se encuentra en el mercado desde principios del otoño hasta principios del invierno.

Se utiliza sobre todo para preparar conservas y jaleas. Las semillas y las hojas tienen múltiples propiedades terapéuticas. Rico en vitaminas y sales minerales, el membrillo es astringente, calmante y emoliente, y forma parte de las dietas adelgazantes por tener un bajo aporte calórico. No obstante, como está muy generalizado el consumo en forma de dulce, con una gran cantidad de azúcar adicional, el valor calórico se dispara.

Aunque es una fruta muy aromática, no se come cruda, porque su sabor es áspero para la lengua y el paladar, pero hervida resulta deliciosa.

VALOR NUTRICIONAL POR CADA 100 G DE PORCIÓN COMESTIBLE

Energía: 50,2 kcal
Proteínas: 0,44 g
Vitamina B_2: 0,03 mg
Fibra: 5,92 g
Vitamina A: 5,5 µg
Vitamina PP: 0,2 mg
Carbohidratos: 7,32 g
Vitamina B_1: 0,03 mg
Vitamina C: 13 mg

MELÓN

Es el fruto del *Cucumis melo*, perteneciente a la familia de las Cucurbitáceas. Se trata de una planta de tallo rastrero, con flores amarillas que se abren durante la primavera. Normalmente los frutos maduran en verano, pero hay variedades que también lo hacen durante el otoño o a principios del invierno.

La pulpa, de color amarillo pálido, es consistente y jugosa, muy azucarada y rica en vitaminas, aunque algo indigesta.

Es una fruta con gran valor hídrico (el 80 % de su composición es agua) y bajo aporte calórico. Tiene propiedades laxantes y diuréticas.

Además de fresco, el melón se puede consumir en forma de compota, mermelada, crema, sorbete...

VALOR NUTRICIONAL POR CADA 100 G DE PORCIÓN COMESTIBLE

Energía: 55,7 kcal
Proteínas: 0,875 g
Vitamina B_2: 0,01 mg
Fibra: 0,73 g
Vitamina A: 111,9 µg
Vitamina PP: 0,663 mg
Carbohidratos: 12,4 g
Vitamina B_1: 0,05 mg
Vitamina C: 32,1 mg

MORA

Es el fruto del moral *(Rubus fruticosus)*, de la familia de las Rosáceas, arbusto que forma intrincados y espinosísimos setos en los márgenes de caminos y en los bosques. En abril o mayo se abren las flores, blancas o rosadas, y en agosto maduran los frutos, de un color casi negro, blandos, jugosos, dulces y muy sabrosos. Se recolectan a finales de agosto y en septiembre. Pueden comerse frescos, recién recogidos, aderezados con azúcar, vino o limón, o bien en forma de conserva, mermelada, jalea y jarabe.

Con las hojas del moral (en infusión o cocimiento) se tratan las inflamaciones de la boca y la garganta, así como los trastornos intestinales y del aparato genital femenino.

Las moras son muy ricas en valores nutricionales y su consumo no presenta contraindicaciones. Destaca su abundancia de pigmentos naturales, de acción antioxidante.

VALOR NUTRICIONAL POR CADA 100 G DE PORCIÓN COMESTIBLE		
Energía: 47,8 kcal	Fibra: 3,16 g	Carbohidratos: 6,24 g
Proteínas: 1,19 g	Vitamina A: 45 µg	Vitamina B_1: 0,03 mg
Vitamina B_2: 0,04 mg	Vitamina PP: 0,6 mg	Vitamina C: 17 mg

NARANJA

Es el fruto del naranjo, *Citrus aurantium*, de la familia de la Rutáceas. Originario de Asia, en España crece en las regiones de clima templado. La floración de sus blanquísimas corolas tiene lugar en primavera y el fruto, que madura en otoño, se recoge incluso en pleno invierno. Con la corteza, las hojas, las flores, la piel y el zumo de los frutos se realizan infusiones, tinturas y licores muy eficaces en el tratamiento del insomnio, la excitación nerviosa y los dolores de estómago.

Tiene un escaso valor energético, es muy rica en vitamina C y muy fresca en estado natural. Estimula el apetito. Los zumos de naranja están muy indicados para los niños, los enfermos y los ancianos, por sus exigencias vitamínicas.

VALOR NUTRICIONAL POR CADA 100 G DE PORCIÓN COMESTIBLE		
Energía: 48,9 kcal	Fibra: 2,3 g	Carbohidratos: 8,9 g
Proteínas: 0,87 g	Vitamina A: 33,6 µg	Vitamina B_1: 0,08 mg
Vitamina B_2: 0,04 mg	Vitamina PP: 0,48 mg	Vitamina C: 50,6 mg

NÍSPERO

El *Mespilus germanica* o níspero pertenece a la familia de las Rosáceas; sus flores se abren en mayo y los frutos, de pulpa jugosa, acidulada pero de grato sabor, se recogen en octubre y se colocan entre paja para completar la maduración. Una vez maduros, hay que consumirlos lo antes posible. El níspero es una de las primeras frutas con hueso de la primavera.

No tiene mucho valor energético, dado que su principal componente es el agua. Es importante su contenido en fibra y sustancias de acción astringente.

Las hojas, la corteza, la pulpa y los huesos se emplean en forma de infusión y vinos medicinales para tratar las inflamaciones de la boca, las quemaduras de la mucosa bucal, las digestiones difíciles, el flato y las inflamaciones del estómago, la gota, la retención de la orina y los trastornos intestinales. Debido a su acción diurética, los nísperos se utilizan también en el tratamiento de los cálculos renales. Si el níspero no está bien maduro resulta indigesto.

Los nísperos se usan para elaborar compotas, jaleas, mermeladas y gelatinas.

VALOR NUTRICIONAL POR CADA 100 G DE PORCIÓN COMESTIBLE

Energía: 45,5 kcal
Proteínas: 0,56 g
Vitamina B_2: 0,03 mg

Fibra: 2,07 g
Vitamina A: 133 µg
Vitamina PP: 0,35 mg

Carbohidratos: 8,58 g
Vitamina B_1: 0,02 mg
Vitamina C: 4 mg

PERA

Es el fruto del peral *(Pyrus communis)*, árbol de la familia de las Rosáceas, del que se cultivan muchas variedades. Durante la primavera las ramas se recubren de flores blancas o rosadas. Más tarde, desde principios del verano hasta bien entrado el otoño, maduran los frutos.

La pulpa de las peras es suave, carnosa y extremadamente dulce. Presenta un bajo aporte calórico y contiene vitaminas reguladoras del aparato digestivo y el sistema nervioso. Su contenido en fibra mejora la digestión y favorece el tránsito intestinal.

Su consumo no presenta contraindicaciones y es una fruta ideal para ofrecer a los niños, sobre todo en batidos o zumos.

Aunque se consume principalmente como fruta de postres, con la pera también se elaboran exquisitas compotas y en Normandía, una especie de sidra muy popular.

VALOR NUTRICIONAL POR CADA 100 G DE PORCIÓN COMESTIBLE

Energía: 54,8 kcal
Proteínas: 0,43 g
Vitamina B_2: 0,03 mg

Fibra: 2,2 g
Vitamina A: 2,7 µg
Vitamina PP: 0,2 mg

Carbohidratos: 11,7 g
Vitamina B_1: 0,02 mg
Vitamina C: 5,2 mg

PIÑA

Originaria de América tropical, la planta, también denominada ananás, pertenece a la familia de las Bromeliáceas.

Sus frutos tienen la forma característica de una gruesa piña, que termina con un plumero de hojas verdes y contiene una pulpa muy aromática, jugosa y dulce, ligeramente áspera, muy rica en vitaminas y nutrientes.

El consumo de la piña es recomendable para quienes siguen una dieta hipocalórica, dado que su contenido en calorías es realmente bajo (excepto cuando se consume en almíbar), para los que necesitan recuperar fuerzas, para los niños y para las mujeres embarazadas. La piña es ligeramente laxante y, además, si se consume fresca, ayuda a realizar la digestión.

VALOR NUTRICIONAL POR CADA 100 G DE PORCIÓN COMESTIBLE

Energía: 52,9 kcal Fibra: 1,9 g Carbohidratos: 10,4 g
Proteínas: 0,44 g Vitamina A: 6,13 µg Vitamina B_1: 0,08 mg
Vitamina B_2: 0,03 mg Vitamina PP: 0,39 mg Vitamina C: 14,99 mg

UVA

Las uvas son el fruto de la vid *(Vitis vinifera)*, que se cultiva en toda el área mediterránea y que madura desde el verano hasta el otoño. Crecen agrupadas en racimos y la pulpa es dulce y jugosa. Existen innumerables variedades de uvas, pero según su utilización se pueden dividir en dos grandes grupos: uvas para consumir como fruta de mesa y uvas destinadas a la elaboración de vino. Mediante el secado de los racimos se obtienen las uvas pasas.

Su composición varía en función de si son uvas blancas o negras, pero todas destacan por su contenido en azúcares (se trata de una fruta muy calórica) y minerales. Pobre en proteínas y lípidos, pero rica en vitaminas y carbohidratos, la uva posee notables virtudes terapéuticas; constituye uno de los principales alimentos desintoxicantes, tiene propiedades alcalinizantes y es una fuente de energía natural.

Para preparar las pasas se lavan los racimos y se exponen al sol, retirándolos por la noche. Si el aire es húmedo, se colocan en una bandeja de metal y se hornean a fuego medio unos minutos; hay que controlar la temperatura, para evitar que se sequen excesivamente. Una vez secas, se envuelven en hojas de papel de seda y se guardan en una caja de madera. Entre los racimos se coloca serrín o recortes de corcho.

VALOR NUTRICIONAL POR CADA 100 G DE PORCIÓN COMESTIBLE DE UVAS BLANCAS

Energía: 68,4 kcal Fibra: 0,8 g Carbohidratos: 16,1 g
Proteínas: 0,6 g Vitamina A: trazas Vitamina B_1: 0,05 mg
Vitamina B_2: 0,03 mg Vitamina PP: 0,3 mg Vitamina C: 3 mg

VALOR NUTRICIONAL POR CADA 100 G DE PORCIÓN COMESTIBLE DE UVAS NEGRAS

Energía: 65,2 kcal Fibra: 0,4 g Carbohidratos: 15,5 g
Proteínas: 0,6 g Vitamina A: 10 µg Vitamina B_1: 0,04 mg
Vitamina B_2: 0,02 mg Vitamina PP: 0,3 mg Vitamina C: 4 mg

Albaricoques en almíbar

Ingredientes
albaricoques no totalmente maduros
agua
azúcar

En primer lugar, prepare varios botes de vidrio de 1 l de capacidad, preferentemente con cierre hermético de muelle.

Lave los albaricoques, que no han de tener ningún defecto en la piel ni deben estar completamente maduros, con abundante agua corriente y déjelos escurrir. Séquelos uno a uno con un paño limpio y póngalos sobre una mesa, al aire, durante algunas horas.

Mientras tanto prepare el jarabe. En una cazuela eche el agua y el azúcar (850 g por cada litro de agua), y deje que hierva durante unos minutos. Para comprobar si el jarabe está a punto tome una gota entre la yema de los dedos; al separarlos, deberá formarse un hilo viscoso. Aparte la cazuela del fuego y deje enfriar el jarabe.

Parta los albaricoques por la mitad, elimine los huesos (reserve algunos) y póngalos en los botes, con la parte hueca hacia abajo. Haga varias capas, llenando aproximadamente tres cuartas partes del recipiente. Cuando el jarabe esté completamente frío, viértalo sobre los albaricoques.

Con ayuda del cascanueces abra los huesos reservados, extraiga las almendras y escáldelas. Ponga dos en cada bote y ciérrelos. Guárdelos en un lugar fresco; no deben ser consumidos antes de setenta días.

Mermelada de albaricoque

Ingredientes
1 kg de albaricoques sin hueso
750 g de azúcar
1 copita de ron

Limpie con un paño de cocina los albaricoques, para eliminar el polvo y los restos de abonos, insecticidas y fungicidas; lávelos cuidadosamente bajo el chorro de agua.

Póngalos en una cazuela, añada el azúcar y cocínelos durante unos 20 minutos, a fuego lento, removiendo continuamente con una cuchara de madera, para que no se pegue la mermelada.

Añada el ron y vierta la mermelada aún caliente en los botes. Si quiere perfumarla, parta varios huesos de albaricoque, extraiga las almendras, sumérjalas en agua hirviendo y elimine la cascarilla marrón. Cuando la mermelada esté completamente fría, antes de cerrar los botes, coloque sobre su superficie una almendra pelada.

Por último, forre la parte interior de las tapas con discos de papel parafinado empapados en ron y tape los botes.

Jalea de albaricoque

Ingredientes
1 kg de albaricoques
2 vasos de agua

Para el jarabe
800 g de azúcar
1 vaso de agua

Lave los albaricoques y déjelos secar; quíteles los huesos y póngalos en una cazuela junto con el agua. Hierva lentamente hasta que los albaricoques estén casi deshechos. Póngalos encima de un tamiz y deje que goteen, sin comprimirlos (debe recoger el jugo).

En otra cazuela, prepare el jarabe con el azúcar y el agua, y cuando esté claro y haga hilos entre los dedos, añada el jugo de los albaricoques.

Lleve el conjunto a ebullición durante algunos minutos. La jalea debe ser clara y ligeramente gomosa. Una vez tibia, viértala en los botes, bien limpios y secos, que deben permanecer destapados hasta que la jalea esté completamente fría. Forre las tapas con papel parafinado empapado en aguardiente y tape los tarros.

Licor de huesos de albaricoque

Ingredientes
100 huesos de albaricoques
1 l de alcohol de 90°
600 g de azúcar
0,5 l de agua

Lave cuidadosamente los huesos y séquelos. Rómpalos y reserve la mitad de la cáscara dura.

Sumerja durante un instante las almendras en agua hirviendo para quitarles la pielecilla que las recubre. Déjelas secar y colóquelas en un bote de vidrio de cierre hermético. Añada el alcohol y las cáscaras reservadas. Cierre el bote y deje en infusión durante un mes, agitándolo todos los días.

Vierta en una cazuela el agua, añada el azúcar y, a fuego muy lento, disuélvala hasta obtener un jarabe claro y que haga hilos entre los dedos.

Filtre el alcohol donde se han mantenido en infusión los huesos de albaricoque y las almendras. Mézclelo con el jarabe y viértalo en una botella con cierre hermético, que ha de guardar en un lugar fresco y oscuro. Este licor puede consumirse una vez transcurridos tres meses.

Guirlache de avellanas

Ingredientes
700 g de avellanas peladas
300 g de miel
obleas

Pele las avellanas, córtelas en dos o tres pedazos y áselas en el horno hasta que estén crujientes.

En una cazuela hierva la miel muy lentamente. Añada las avellanas y remueva con una cuchara de madera. Prosiga la cocción durante unos minutos.

Sobre una superficie perfectamente lisa coloque las obleas de manera que formen un rectángulo o un cuadrado. Vierta sobre ellas la mezcla de avellanas y miel, y, con la hoja de un cuchillo mojado en agua, alise los bordes y la superficie, para que adquiera una forma lo más regular posible.

Recubra con otras tantas obleas, tape con una hoja de papel parafinado y encima coloque un peso que presione sobre el guirlache, por ejemplo un libro de un tamaño adecuado. Cuando esté completamente frío, quite el peso y coloque el guirlache en una lata o un bote de vidrio completamente seco.

Cerezas al ron

Ingredientes
cerezas duras
ron y alcohol de 65° a partes iguales
2 clavos de olor
1 pedacito de nuez moscada
1 palo de canela

Las cerezas no deben tener ninguna tara, han de estar maduras y la pulpa tiene que ser consistente. Lávelas en abundante agua corriente, póngalas encima de un paño sobre una mesa y déjelas secar al aire; no deben exponerse al sol. Cada cierto tiempo deles la vuelta, para que el aire actúe sobre toda su superficie.

Corte los rabillos por la mitad y coloque las cerezas en botes de vidrio con cierre hermético de muelle; la fruta ha de ocupar la mitad del bote.

Unos días antes mezcle el ron con el alcohol, añada las especias y déjelo todo en infusión. Son necesarios cuatro o cinco días para que el alcohol se impregne de los aromas.

Vierta la mezcla en una botella, filtrándola con la ayuda de un paño limpio, que después debe prensar para lograr la mayor cantidad posible de fragancia.

Vierta el líquido en los botes de cerezas; llénelos casi hasta el borde si disponen de cierre hermético, pero sólo tres cuartas partes si son de tapón esmerilado.

Consérvelos en un lugar fresco. Una vez transcurridos algunos meses, ya pueden consumirse.

Cerezas en alcohol

Ingredientes
cerezas
azúcar
alcohol de unos 30°
clavos de olor
canela
granos de pimienta

Limpie las cerezas frotándolas con un trapo y lávelas cuidadosamente bajo el grifo del agua corriente. Déjelas escurrir y corte por la mitad los rabillos. Con un alfiler haga dos o tres agujeros en la pulpa.

Ponga las cerezas en un bote de vidrio; a continuación, rellénelo de alcohol hasta arriba, añada 150 g de azúcar por cada litro de alcohol y, por último, coloque las especias, envueltas en un saquito de gasa (basta una cucharada de especias por cada kilo de cerezas).

Tape cuidadosamente el bote y guárdelo en la despensa. Pasado algún tiempo, ábralo, quite el saquito de aromas y vuélvalo a cerrar. Las cerezas ya están listas para su consumo.

También pueden prepararse de esta forma granos gruesos de uva, albaricoques y melocotones; estas frutas, de mayor tamaño, se deshuesan y se dividen en cuatro partes.

Cerezas en jarabe y aguardiente de orujo

Ingredientes
2 kg de cerezas negras de carne dura
2 kg de azúcar
1 l de agua
aguardiente de orujo
1 palo de canela

Lave las cerezas en agua corriente, escúrralas, séquelas con un paño de cocina y déjelas al aire, dándoles la vuelta cada cierto tiempo, para que queden perfectamente secas.

Corte dos terceras partes del rabillo y pinche dos o tres veces la pulpa con un alfiler. Introduzca las cerezas en botes de vidrio, de forma que ocupen dos tercios de su capacidad.

Ponga en el fuego una cazuela y vierta el agua y el azúcar; remueva con una cuchara de madera, para evitar que el azúcar se pegue. En cuanto empiece a hervir, vierta el jarabe en los botes filtrándolo a través de una gasa.

Deje las cerezas en infusión durante 24 horas, luego escúrralas y hierva de nuevo el jarabe, durante unos minutos, para que reduzca la cantidad. Durante esta operación puede añadir un pedacito de canela al jarabe. Una vez terminada la ebullición, que puede durar unos 5 o 10 minutos, aparte la cazuela del fuego y deje enfriar el jarabe. Cuando esté frío, distribúyalo entre los botes con un vaso medidor. Retire el palo de canela.

Añada a las cerezas dos vasos de aguardiente por cada uno de jarabe, tape los botes y guárdelos durante dos o tres meses en un lugar fresco y oscuro.

Sirva las cerezas en copitas junto con un tenedor pequeño o un palillo largo.

Cerezas negras conservadas en alcohol

Ingredientes
1 kg de cerezas negras
400 g de azúcar
5 clavos de olor
1 palo de canela
0,25 l de alcohol de 90°

Escoja cerezas negras jugosas y maduras que tengan taras. Lávelas, séquelas con un paño de cocina y déjelas al aire durante unas horas, dándoles la vuelta de vez en cuando para que queden totalmente secas.

Corte los rabillos y ponga las cerezas en botes de vidrio, junto con las especias y el azúcar. No llene los recipientes hasta el borde, sino sólo tres cuartas partes. Ciérrelos herméticamente y déjelos al sol durante 25 días; cada noche debe guardarlos y volver a ponerlos al sol por la mañana. Transcurridos 26 días, ábralos, llene tres cuartas partes con alcohol y ciérrelos bien. Déjelos un día más al sol y luego guárdelos en un lugar fresco y oscuro.

Las cerezas así preparadas resultan mucho más sabrosas a los tres meses.

Conserva de cerezas

Ingredientes
1 kg de cerezas limpias
600 g de azúcar
0,5 l de agua
1 copita de ron

Limpie las cerezas, déjelas en remojo durante unas horas, escúrralas y lávelas con abundante agua corriente. Córteles el rabo y extraiga los huesos. Póngalas en una cazuela, junto con el agua y el azúcar. Lleve a ebullición a fuego fuerte y deje que hierva unos 20 minutos, sin dejar de remover con una cuchara de madera, para que la fruta no se pegue en el fondo. Aparte la cazuela del fuego y deje en reposo durante 24 horas aproximadamente.

Transcurrido este tiempo ponga nuevamente la cazuela en el fuego, esta vez con poca llama, y deje que hierva, sin dejar de remover, hasta obtener una conserva consistente y transparente.

Apague el fuego y cuando la conserva esté tibia añada el ron. Mezcle bien y vierta en los botes. Forre la parte interior de las tapas con discos de papel parafinado impregnado en ron. Guarde los botes en la despensa y deje que transcurran unos tres meses antes de consumir la conserva.

Jalea de cerezas

Ingredientes
cerezas carnosas
manzanas reinetas
azúcar

Lave cuidadosamente las manzanas, maduras y olorosas, y séquelas con un paño de cocina. Sin pelarlas, córtelas en gajos, elimine el corazón y póngalas en una cazuela, sin agua, a fuego lento. Muévalas continuamente hasta que se deshagan. Apague el fuego y cuando las manzanas estén tibias páselas por el pasapurés para eliminar las pieles. Pese el zumo obtenido con el fin de determinar la cantidad que deberá añadir después al de cereza; recuerde que la proporción ha de ser de un tercio de zumo de manzana con respecto al de cereza.

Quite los rabos y los huesos de las cerezas, y triture la fruta. Pese la cantidad de zumo obtenido. Añada una tercera parte de ese peso de zumo de manzanas y un kilo de azúcar por cada kilo de zumo de las dos frutas.

Vierta la mezcla en una cazuela y deja que hierva lentamente, espumando de vez en cuando. Cuando la jalea se vuelva líquida y haga hebra, aparte la cazuela del fuego y deje que se enfríe antes de verterla en los botes de cierre hermético.

Compota de ciruelas pasas

Ingredientes
500 g de ciruelas pasas
125 g de azúcar
3 dl de vino tinto
1,3 l de agua
canela, vainilla o corteza de limón

Ponga las ciruelas en una cazuela, añada 1 l de agua tibia y tápelas. Cuando empiecen a hervir, retírelas del fuego y deje que reposen una media hora. Páselas por el tamiz para que se escurran; póngalas de nuevo a cocer en la misma cazuela, con 3 dl de agua caliente, el vino y el aroma escogido. El azúcar se reserva para el final de la cocción, pues si se incorporase, las ciruelas se deshidratarían y arrugarían completamente.

Deje que se cuezan a fuego lento durante una hora y media (o algo más si lo requiere la calidad de la ciruela), removiéndolas de vez en cuando. Utilizando este método las ciruelas se inflan y se ablandan, conservando la piel entera y lisa.

Una vez cocidas, páselas por el tamiz para que escurran y vierta el jugo obtenido de nuevo en la cazuela; añada el azúcar y deje que hierva a fuego fuerte durante unos minutos, hasta que espese.

Mientras tanto, ponga las ciruelas en los tarros y cuando el almíbar esté en su punto, viértalo sobre las ciruelas; deje enfriar los botes antes de cerrarlos con las tapas recubiertas con papel parafinado impregnado en aguardiente.

Mermelada de ciruelas claudias

Ingredientes
1 kg de ciruelas claudias
650 g de azúcar

Las ciruelas deben estar muy maduras y tener una carne consistente y olorosa. Frótelas con un paño seco para eliminar el polvo y los insecticidas, lávelas en agua muy abundante y déjelas secar.

Quite los rabillos y los huesos, ponga las ciruelas en una cazuela y cocínelas lentamente hasta que se ablanden. Apártelas entonces del fuego y cuando estén tibias páselas por el pasapurés, añada el azúcar a la pulpa recogida y ponga de nuevo la cazuela a fuego lento, removiendo continuamente con la cuchara de madera para evitar que se pegue.

Cuando la mermelada presente un aspecto sólido y transparente, eche una gota sobre un plato e inclínelo: si no deja rastro, puede apartar la cazuela del fuego.

Vierta en los tarros preparados con anterioridad la conserva aún caliente y deje que se enfríen antes de cerrarlos con las tapas forradas con un disco de papel parafinado impregnado en alcohol.

Ciruelas pasas en aguardiente

Ingredientes
1 kg de ciruelas pasas
té
aguardiente

Las ciruelas deben ser grandes y tener abundante pulpa. Póngalas en remojo durante media hora y escúrralas bien. Póngalas en un bol y recúbralas con un té muy fuerte y tibio. Tape el bol y déjelas en infusión un mínimo de 12 horas.

Transcurrido ese tiempo, escúrralas bien y métalas en un gran bote de vidrio; añada aguardiente de buena calidad. Las ciruelas deben ocupar tres cuartas partes del bote y el licor, el resto. La tapa, de cierre hermético, tiene que aislar las ciruelas del aire.

Guarde el bote en un lugar fresco y oscuro. Estas ciruelas se pueden consumir dos meses después de su preparación.

Confitura de frambuesa

Ingredientes
1 kg de frambuesas
800 g de azúcar
vino blanco

Las frambuesas deben estar muy maduras, pero no deshechas. Elimine los rabillos y, si se tiene la impresión de que la fruta no está completamente limpia, cúbralas con vino blanco y déjelas durante 2 horas. Escúrralas, póngalas en una cazuela y aplástelas ligeramente. Añada el azúcar y deje que hierva el conjunto a fuego lento.

Tras el primer hervor, aparte la cazuela del fuego y cuando la confitura esté tibia, distribúyala entre los tarros; ciérrelos, cuando esté completamente fría, con las tapas forradas con papel parafinado impregnado de aguardiente.

Jalea de frambuesa y grosella

Ingredientes
1 kg de grosellas rojas
500 g de grosellas blancas
300 g de frambuesas
1 kg de azúcar
1 vaina de vainilla

Prepare los botes, que no deben ser demasiado grandes, el día anterior: lávelos cuidadosamente, séquelos y compruebe que cierran bien.

Limpie muy bien las grosellas y las frambuesas, quíteles los rabillos y deseche los frutos excesivamente maduros. Ponga la fruta en un bol lleno de agua fresca y limpia, y lávela cuidadosamente. Para escurrirla sacúdala con delicadeza con el fin de eliminar las últimas gotas de agua.

Coloque la fruta en un bol y aplástela con las manos, para obtener la mayor cantidad de zumo posible. Tape el bol con un paño y déjelo al fresco. Al día siguiente ponga toda la fruta en una servilleta y aplástela encima de una cazuela.

Hierva el líquido así obtenido junto con la vainilla durante un cuarto de hora más o menos, espumando continuamente para que resulte transparente. Añada el azúcar y, sin dejar de espumar, deje a fuego lento durante 30 minutos. Para saber si la jalea está en su punto deje resbalar una gota sobre la superficie de un plato inclinado: si no se adhiere, la cocción ya está finalizada.

Retire la vaina de vainilla y vierta la jalea en los botes, mientras aún hierve, pero no los tape hasta que esté totalmente fría. Revista el interior de las tapas con un disco de papel parafinado impregnado en aguardiente o ron.

Antes de consumir la jalea es conveniente dejarla reposar durante tres meses en un lugar fresco y oscuro.

Jalea de frambuesa y grosella silvestre

Ingredientes
1 kg de grosellas silvestres
600 g de frambuesas
azúcar

Limpie cuidadosamente las frambuesas y las grosellas, póngalas en un colador y lávelas debajo del chorro de agua corriente. Deje que escurran completamente.

Pase la fruta por el pasapurés y recoja el zumo; péselo con una balanza. Vierta en una cazuela la misma cantidad de azúcar que de zumo, mezcle bien y ponga en el fuego, con la llama baja.

Espume continuamente la jalea para que quede transparente y limpia. Cuando empiece a parecer gomosa, tome una gota entre el pulgar y el índice: si al apartar los dedos se forma un hilo que después se rompe, la jalea ya se halla en su punto.

Viértala en los botes, que se dejan destapados hasta el día siguiente. Revista el interior de las tapas con discos de papel parafinado impregnado en aguardiente. Cierre los botes y consérvelos en la despensa. Esta jalea no debe consumirse hasta pasados dos meses.

Jarabe de frambuesas

Ingredientes
2 kg de frambuesas
2,4 kg de azúcar
2 limones

Las frambuesas deben estar maduras, pero no deshechas. Límpielas cuidadosamente; si lo cree necesario, lávelas con agua corriente y déjelas escurrir. Aplástelas bien y recoja el zumo en un bote de vidrio; déjelo reposar durante dos días, hasta que fermente, removiéndolo de vez en cuando con una cuchara de madera.

Filtre el jugo con la ayuda de un colador de tela y póngalo en una cazuela; añada el azúcar y el zumo de los limones, también filtrado. Ponga la cazuela en el fuego y lentamente lleve el conjunto a ebullición; espume cada vez que sea necesario.

Cuando el líquido esté transparente, apague la llama y deje que se enfríe antes de embotellarlo y conservarlo en un lugar fresco.

Licor de fresas

Ingredientes
1 kg de fresas maduras
1 l de alcohol de 90°
vino blanco

Limpie muy bien las fresas (son preferibles las pequeñas y olorosas), cúbralas con vino blanco, escúrralas y déjelas macerar unos 15 días en alcohol de 90°.

Vierta la mezcla en un bote de cierre hermético, que debe agitar cada día ligeramente.

Pasado el tiempo necesario aplaste las fresas para extraer la mayor cantidad posible de zumo; fíltrelo.

Conserve el licor en botellas pequeñas bien tapadas y guárdelas en un lugar fresco y oscuro. Si en vez de varias botellas pequeñas usa sólo una grande, cada vez que la abra se dispersará el perfume.

El licor de fresas puede utilizarse para aromatizar helados, licores, cremas y tortas.

Conserva de fresas

Ingredientes
fresas
azúcar
vino blanco

Las fresas no deben estar excesivamente maduras y es preferible que sean silvestres. Límpielas cuidadosamente y elimine el rabillo y cualquier impureza. Si es posible, no las lave, porque perderían su fragancia natural. Cúbralas con el vino blanco. Con una cuchara vaya sacando unas cuantas fresas cada vez y póngalas en un colador. Rocíelas con más vino blanco y déjelas escurrir durante 1 hora; cada cierto tiempo agite ligeramente el colador.

Pese las fresas, póngalas en una cazuela y añada el mismo peso de azúcar. Ponga la cazuela en el fuego y cocine durante unos 10 minutos a fuego muy lento, para evitar usar la cuchara de madera, que rompería esta fruta tan delicada.

Si le parece que el conjunto no ha adquirido transparencia y viscosidad suficientes, déjelo en el fuego otros 5 minutos, o incluso 10; aparte la cazuela y espere a que la conserva esté completamente fría para meterla en los tarros.

Mermelada de fresas al limón

Ingredientes
1 kg de fresas
650 g de azúcar
1 limón
vino blanco

Para esta mermelada es preferible usar fresas silvestres muy maduras; también puede emplear fresones.

Limpie las fresas, quite los rabillos y póngalas en un bol lleno de agua o de vino. Sáquelas con una cuchara y póngalas en un colador; vierta unos chorros de vino.

Deje macerar las fresas en una cazuela con el azúcar, el zumo del limón y un vaso de agua durante 2 horas.

Ponga la cazuela en el fuego, a llama viva, hasta que hierva; en ese momento baje el fuego y deja que siga la cocción a fuego lento durante media hora. Cada cierto tiempo remueva suavemente con una cuchara de madera.

Antes de verter la mermelada en los tarros, déjela enfriar. Ciérrelos con las tapas revestidas de papel parafinado impregnado con alcohol.

Esta mermelada no debe consumirse hasta que hayan transcurrido un par de meses desde su preparación.

Fresones en conserva

Ingredientes
1,5 kg de fresones
800 g de azúcar
vino blanco

Elija gruesos fresones de primavera, límpielos bien y elimine el rabito y la parte más próxima a él. Deseche las piezas excesivamente maduras, así como las que todavía están verdes. Ponga los fresones en un bol y cúbralos con vino blanco.

Transcurridas algunas horas, sáquelos con la espumadera, una pequeña cantidad cada vez. Reserve aproximadamente medio kilo de fresones enteros y ponga el resto en una cazuela, añada el azúcar y deje marinando durante 24 horas, removiendo cuidadosamente de vez en cuando con una cuchara de madera.

Transcurrido ese tiempo, ponga la cazuela en el fuego, con poca llama, y, al iniciarse la ebullición, remueva y apague el fuego 10 minutos después. Deje reposar otras 24 horas, removiendo cada 3, aproximadamente. Ponga de nuevo la cazuela en el fuego, deje hervir otros 10 minutos, siempre con la llama muy baja y removiendo de vez en cuando. Por tercera vez deje en reposo durante 24 horas, removiendo cada 3.

Repita por cuarta vez la operación y ponga la cazuela en el fuego, con llama moderada; remueva cuidadosamente, dejando que la cocción se prolongue durante 20 minutos. Deje enfriar y vierta la conserva en los botes; en cada uno debe haber la misma cantidad de conserva que de fresones enteros.

Pasadas 2 horas, cierre los botes con las tapas revestidas de papel parafinado impregnado en aguardiente y guárdelos en la despensa. No debe utilizar esta conserva hasta que transcurran un par de meses. Puede servirse como bebida, con agua fría y hielo, o con soda y hielo; como granizado, con hielo picado, o como postre, en copas anchas, con nata batida.

Ratafía de fresas

Ingredientes
*500 g de fresas silvestres
500 g de azúcar
0,5 l de alcohol de 90°
250 g de agua*

Las fresas deben ser silvestres, muy pequeñas y perfumadas. Límpielas cuidadosamente, pero no las lave. Aplástelas con una cuchara, añada el azúcar, mueva bien y agregue el alcohol.

Coloque las fresas en un bote grande provisto de cierre hermético y déjelas en reposo, sin agitarlo, durante diez días. Hierva entonces el agua, deje que se enfríe y añádala al bote; deje en maceración durante dos semanas.

Pasado este tiempo, coloque un embudo en una botella y vierta pausadamente la ratafía, exprimiendo la fruta para obtener la mayor cantidad posible de zumo y aroma.

La ratafía de fresas ya está a punto. No necesita nada más que tapar bien la botella y conservarla en un lugar fresco. El licor puede ser empleado desde ese mismo momento, bebiéndolo al natural o bien añadiéndole agua mineral, soda y hielo.

Jalea de granada

Ingredientes
500 g de granos de granada
0,5 l de agua
400 g de azúcar
la piel de 1/4 de naranja (sólo la parte coloreada)

Desgrane el fruto y coloque los granos en una cazuela. Añada el azúcar, el agua y la piel de la naranja. Lleve a ebullición a fuego lento, hasta que los granos estén blandos. Páselos por el pasapurés, recoja el zumo y póngalo de nuevo en el fuego, siempre a llama baja.

Cuando la gelatina se haya vuelto límpida y haga hebra, apártela del fuego. Una vez tibia, viértala en los recipientes, pero no los tape hasta que esté completamente fría. Revista la parte interna de las tapas con papel parafinado impregnado en aguardiente y cierre los botes. Guárdelos en la despensa. No han de consumirse hasta que hayan transcurrido unos tres meses después de su preparación.

Jarabe de granadas

Ingredientes
granadas encarnadas bien maduras
azúcar
agua

Lave bien las granadas con agua corriente, pártalas por la mitad, desgránelas y elimine las telillas. Péselas y póngalas en una cazuela; añada el mismo peso de agua y deje cocer a fuego lento durante 10 minutos.

Después tamice y macere el jugo obtenido durante 24 horas. Péselo, introdúzcalo en una cazuela y añada la misma cantidad en azúcar. Hierva a fuego lento; cuando el líquido se vuelva transparente, apague la llama y deje enfriar. Fíltrelo de nuevo antes de verterlo en los frascos. Guárdelos en un sitio fresco, seco y oscuro.

Guindas en aguardiente

Ingredientes
*2 kg de guindas
500 g de azúcar
1 l de agua
1,5 l de aguardiente
10 g de canela
10 clavos de olor*

En primer lugar, vierta el agua y el azúcar en una cazuela, y, a fuego lento, deje hervir hasta obtener un jarabe viscoso.

Mientras, lave y pele cuidadosamente las guindas y córteles el rabo por la mitad.

Cuando el jarabe esté a punto, apártelo del fuego y déjelo enfriar un poco; añada casi todo el aguardiente y mezcle bien con una cuchara de madera, para que quede perfectamente homogéneo. Deje enfriar completamente.

En un recipiente grande de vidrio provisto de cierre hermético vierta un poco del jarabe y, a continuación, coloque una capa de guindas; espolvoree con canela y coloque los clavos. Repita la operación, distribuyendo los distintos ingredientes en diferentes capas y añada entre una y otra un poco de aguardiente.

Cuando haya distribuido todos los ingredientes cierre el recipiente y expóngalo al sol durante una semana; por las noches, manténgalo en un lugar fresco.

Guarde el bote en la despensa; estas guindas pueden consumirse transcurridos dos meses desde su preparación.

Conserva de guindas

Ingredientes
2 kg de guindas negras
2 kg de azúcar

Las guindas han de ser jugosas y estar maduras. Lávelas y séquelas, frotándolas con un paño limpio; póngalas encima de una mesa y déjelas al aire, dándoles la vuelta de vez en cuando para que se sequen perfectamente.

Corte los rabillos y extraiga los huesos. Coloque las guindas en un bol con 800 g de azúcar y déjelas marinar durante al menos 12 horas. Introdúzcalas en una cazuela, póngala en el fuego y cuando empiecen a hervir espere 20 minutos. Aparte del fuego y cuando estén tibias exprímalas. Puede utilizar el zumo para preparar jarabe de guindas.

Vuelva a verter la pulpa en la cazuela con el resto del azúcar (1,2 kg) y póngala en el fuego, donde ha de permanecer durante 40 minutos a partir del inicio de la ebullición.

Vierta la conserva en botes de vidrio, cuando esté tibia. Deje enfriar completamente. Tape los botes con las tapas revestidas de papel parafinado empapado en alcohol y guárdelos en un lugar fresco y oscuro.

Jarabe de guindas

Ingredientes
zumo de guindas
azúcar

Para este jarabe puede utilizar el zumo de las guindas obtenido en la preparación de la conserva (véase «Conserva de guindas»).

Pese el zumo, viértalo en una cazuela y añada el mismo peso en azúcar; mezcle bien y deje hervir durante media hora. De vez en cuando retire la espuma de la superficie. Cuando el líquido se haya vuelto claro, déjelo enfriar completamente antes de verterlo en las botellas.

El zumo de guindas se utiliza para preparar sabrosas bebidas refrescantes, con agua —o agua mineral— y hielo. Ha de conservarse en lugar muy fresco.

Conserva de limón

Ingredientes
*10 limones jugosos
2 naranjas
5 kg de azúcar
2 vasitos de ron
5 l de agua
zumo de una naranja*

Tanto los limones como las naranjas deben estar completamente maduros, ser jugosos y tener la piel delgada y perfumada.

Limpie la fruta con un paño de cocina, sumérjala en un bol lleno de agua y déjela en remojo durante 24 horas.

Tras este periodo de tiempo, vierta en una cazuela los 5 l de agua, parta la fruta por la mitad y quítele todas las semillas, y córtela en juliana. Se lleva a ebullición, primero a fuego fuerte y luego a fuego lento, prolongando el proceso unas 3 horas; remueva cada media hora con una cuchara de madera.

Añada el azúcar y continúe la cocción durante otra hora. Para saber si la confitura está en su punto ponga una gota sobre un plato inclinado: si resbala, ya está lista; aparte la cazuela del fuego y déjala enfriar.

Agregue el zumo de la naranja y el ron. Mezcle bien y vierta la conserva en los tarros. Forre el interior de las tapas con discos de papel parafinado impregnados en ron. A continuación, cierre herméticamente los recipientes y guárdelos en un lugar fresco y oscuro.

Esta mermelada puede ser consumida a los tres meses de su preparación.

Jalea de limón con zumo de manzanas

Ingredientes
*1 l de zumo de manzanas
zumo de 6 limones
1,2 kg de azúcar*

Puede obtener el zumo de manzanas según las indicaciones de la receta de la jalea de cerezas (véase la pág. 37). Ponga una cazuela en el fuego y vierta el zumo de manzana, el de limón y el azúcar. Mezcle bien y espume de vez en cuando. Poco a poco el líquido se irá haciendo transparente. Cuando considere que la mezcla está a punto, aparte la cazuela del fuego y deje que la jalea se enfríe.

Distribúyala en los frascos y tápelos, forrando el interior de las tapas con papel parafinado impregnado de aguardiente.

Jarabe de limón

Ingredientes
limones jugosos
agua
azúcar

La cantidad de limones, que deben ser de corteza fina y perfumada, depende de su calidad y jugosidad. Sumérjalos en agua hirviendo, para obtener más cantidad de zumo; escúrralos y séquelos.

Elimine la corteza amarilla de una tercera parte de limones y córtela en tiras. Pele el resto procurando quitar toda la parte blanca, que es amarga, y corte todos los limones en rodajas; póngalos en un bol y aplástelos con un tenedor.

Moje un lienzo de cocina en agua y escúrralo. Ponga el puré obtenido encima y exprímalo bien en la cacerola; pese el zumo y añada la misma cantidad de azúcar. Ponga la cacerola en el fuego, remueva bien y espume; retírela con los primeros hervores.

Cubra un tamiz con un lienzo limpio y mojado y ponga encima las tiras de corteza de limón. Vierta el jarabe de limón hirviendo, póngalo de nuevo en la cazuela y llévelo a ebullición. Repita toda la operación una vez más, para que el jarabe quede mucho más aromatizado.

Déjelo enfriar y fíltrelo a través de un lienzo. Finalmente, llene las botellas con el jarabe y ciérrelas con tapones de corcho nuevos recubiertos con un trocito de lienzo.

Grog con ginebra

Ingredientes
1 l de agua
2 clavos de olor
2 palos de canela
16 terrones de azúcar
3 naranjas
2 limones
ginebra

Ponga en una cazuela el agua, el azúcar, los clavos y la canela. Lave una naranja, séquela y pélela con cuidado, procurando no llevarse la parte blanca de la corteza, que es amarga; pique finamente la corteza y añádala a la cazuela. Después caliente y deje que hierva primero a fuego moderado y luego a fuego muy lento durante 5 minutos. Cuélelo.

Exprima las dos naranjas restantes. Cuele el zumo. Corte los limones en rodajas y póngalos en tazas grandes.

Añada el zumo de naranja y la ginebra al agua perfumada. Mezcle y vierta encima de los trozos de limón.

El grog se sirve muy caliente y se añade azúcar al gusto.

Licor de mandarina

Ingredientes
5 mandarinas
0,5 l de alcohol de 95°
0,5 l de agua
500 g de azúcar

Para preparar este licor se precisan únicamente las cáscaras de las mandarinas.

Lave las mandarinas en abundante agua corriente y séquelas con un paño de cocina. Pélelas con cuidado con la ayuda de un cuchillo procurando separar solamente la parte anaranjada de la corteza, que es más perfumada.

Macere las cortezas en alcohol durante diez días.

Prepare un jarabe con el agua y el azúcar: viértalos en un cazo, póngalo en el fuego y hierva. Deje que el jarabe se enfríe y añádalo a las cortezas en alcohol.

Deje en infusión durante dos días y luego fíltrelo; si el licor no fuera totalmente transparente, fíltrelo de nuevo. Viértalo en una botella y ya estará listo.

Mandarinas en alcohol

Ingredientes
30 mandarinas grandes y jugosas
5 dl de alcohol de 90°
0,5 l de coñac
200 g de azúcar
1 sobrecito de vainilla
1 copita de aguardiente

Lave bien una mandarina, la que tenga la piel más limpia y coloreada. Con ayuda de un cuchillo corte la parte anaranjada de la corteza, trocéela y déjala macerar en el aguardiente.

Pele el resto de mandarinas cuidadosamente, eliminando filamentos, pieles y semillas. Si utiliza clementinas, tendrá que quitar menos semillas.

Vierta en un bol de vidrio el alcohol, el coñac, el azúcar y la vainilla; mezcle bien con una cuchara de madera.

Pinche varias veces los gajos de mandarina con una aguja e introdúzcalos, poco a poco, en el bol. Los gajos han de quedar totalmente cubiertos, más de dos dedos, por el líquido. Tape el bol y guárdelo en un lugar fresco y oscuro.

Cuando la piel de la mandarina puesta a macerar en aguardiente se haya secado y el líquido amarillee, viértalo en el bol de las mandarinas, mezcle bien y trasváselo a los botes. Ciérrelos y deles la vuelta poco a poco para que se mezclen bien los elementos.

Una vez transcurridos cuarenta días, puede servir las mandarinas en copitas con un poco de jugo.

Mermelada de manzana con limón

Ingredientes
1 kg de manzanas
2 limones
450 g de azúcar

En primer lugar, lave cuidadosamente los limones y séquelos bien, córtelos en rodajas finas, elimine las pepitas y póngalos a macerar con un poco de agua durante toda la noche. Al día siguiente, cuézalos a fuego lento 10 minutos.

Lave bien las manzanas, séquelas y trocéelas; elimine los corazones. Ponga las manzanas en una cazuela con medio vaso de agua y cuézalas hasta que estén blandas. Páselas entonces por el pasapurés.

Ponga la pulpa de manzana en una cazuela, añada las rodajas de limón y el azúcar lentamente. Cocine durante 30 minutos, apague el fuego y deje que la mermelada se enfríe. Viértala en los frascos y ciérrelos herméticamente.

Mermelada de melocotón

Ingredientes
melocotones maduros
azúcar
agua

Lave y seque cuidadosamente los melocotones; pélelos, quíteles el hueso y péselos.

Póngalos en una cazuela en el fuego, con la llama muy baja, y añada la cantidad de azúcar equivalente a su peso. Si el conjunto resulta poco fluido, puede añadir un poco de agua; remueva con una cuchara de madera para evitar que la mermelada se pegue.

Cuando empiece a aparecer fluida y transparente, apártela del fuego, déjala enfriar y distribúyala en los tarros.

Conserva de melocotón (n.º 1)

Ingredientes
1 kg de melocotones
zumo de 2 limones
800 g de azúcar
200 g de azúcar en cristales
aceite

Los melocotones deben tener una pulpa que no se separe del hueso y han de estar en su punto justo de maduración.

Lávelos en agua fría y, uno a uno, escáldelos, para pelarlos más fácilmente y aprovechar el máximo posible de pulpa.

Pártalos por la mitad, elimine el hueso, córtelos en trozos grandes y páselos por el pasapurés, recogiendo el zumo en un bol.

En una cazuela introduzca la fruta, el zumo y el azúcar, remueva con una cuchara de madera hasta que los ingredientes estén perfectamente mezclados. Ponga la cazuela en el fuego y espere a que se inicie la ebullición. Baje la llama y deje que hierva lentamente durante 10 minutos o algo más.

Entretanto, revista tarteras muy bajas, redondas o rectangulares, con papel parafinado ligeramente untado en aceite. Para que este no estropee el sabor de la preparación, lo más recomendable es empapar un papel de cocina en aceite y fregar con él la superficie del papel parafinado.

Vierta la conserva en tarteras y déjala secar al aire o al sol, protegida con una gasa fina. Han de pasar uno o dos días hasta que se halle en su punto.

Extiéndala sobre una mesa y déjala secar dos días más o el tiempo que considere necesario.

A continuación, córtela en rectángulos o cubos, espolvoréelos con azúcar y guárdelos en latas o recipientes de vidrio. Puede conservarlos durante varios meses.

Conserva de melocotón (n.º 2)

Ingredientes
1 kg de melocotones maduros
800 g de azúcar

Lave cuidadosamente los melocotones y séquelos con un paño de cocina. Pártalos por la mitad, elimine los huesos y córtelos en tajadas de medio centímetro. El peso indicado corresponde exclusivamente a la pulpa.

Introduzca los melocotones en una cazuela, junto con el azúcar, tápelos con un paño y, cada 3 horas, muévalos con una cuchara de madera.

Cuando hayan transcurrido 24 horas, ponga la cazuela en el fuego, con la llama muy baja, y cocine durante 10 minutos aproximadamente, removiendo de vez en cuando. Aparte la cazuela del fuego y deje que la fruta repose 24 horas más.

Vuelva a poner la cazuela en el fuego y, con la llama muy baja y sin dejar de remover, deje que hierva 10 minutos. Aparte la cazuela del fuego y deje reposar durante otras 24 horas, removiendo cada 3.

De nuevo ponga la cazuela en el fuego y lleve a ebullición sin dejar de remover con la cuchara de madera; este tercer hervor ha de durar 20 minutos.

Deje reposar la mezcla una vez más, sin olvidarse de removerla cada 3 horas. En el momento que esté fría, viértala en los recipientes de vidrio y, al cabo de 2 horas, ciérrelos con tapas forradas de papel parafinado impregnado en alcohol o aguardiente.

Esta conserva puede consumirse tres meses después de su preparación.

Melocotones en aguardiente

Ingredientes
1 kg de melocotones
450 g de azúcar
1 l de agua
1 ramita de vainilla
4 clavos de olor
aguardiente

Los melocotones no han de estar muy maduros ni deben tener ninguna tara. Póngalos en remojo cambiando el agua de vez en cuando; séquelos con un paño limpio, frotándolos bien para eliminar polvo o insecticida, y trocéelos.

En una cazuela vierta el agua, caliéntela, añada el azúcar y a fuego lento deje hervir durante unos 20 minutos. Uno a uno eche los trozos de melocotón y, si el jarabe no los cubre totalmente, muévalos con frecuencia con la cuchara de madera para que el azúcar los empape por todas partes. Deje que hiervan como máximo 5 minutos.

Saque los melocotones con una espumadera y colóquelos en un plato. Déjelos enfriar, procediendo en forma análoga para el jarabe.

Al día siguiente introduzca los melocotones, uno a uno, en un bote de vidrio, con ayuda de una cuchara y procurando no romperlos. Vierta el jarabe y, a continuación, el aguardiente, en cantidad suficiente para cubrir la fruta y sobrepasarla un dedo.

A continuación, añada los clavos y la vainilla, y cierre bien el bote. Cójalo con las dos manos bien recto e imprímale un ligero movimiento rotatorio, destinado a mezclar los ingredientes.

Guarde el bote en la despensa, comprobando de vez en cuando si los melocotones absorben el alcohol. Si esto sucediera, abra el bote, añada más alcohol y vuélvalo a cerrar. Estos melocotones pueden consumirse un mes después de su preparación.

Melocotones en jarabe de aguardiente

Ingredientes
2 kg de melocotones
1 kg de azúcar
0,75 l de agua
1 l de aguardiente

Los melocotones deben ser olorosos y de carne dura, y no han de estar completamente maduros. Límpielos enérgicamente con un paño de cocina, lávelos uno a uno y séquelos. Acto seguido, pínchelos varias veces con un alfiler.

En una cazuela vierta el azúcar y el agua, y lleve a ebullición; espume continuamente. Cuando el jarabe esté límpido, sumerja en él los melocotones, de uno en uno, y prosiga la cocción hasta que note la fruta blanda si la presiona con un dedo.

Saque los melocotones del jarabe con ayuda de una espumadera y déjelos escurrir en un colador.

Mientras tanto, ponga nuevamente el jarabe en el fuego, con la llama muy baja, y deje que hierva hasta que se reduzca una tercera parte. Espere a que esté completamente frío y vuelva a echar dentro los melocotones.

Al día siguiente, saque nuevamente los melocotones del jarabe, usando una espumadera, y vuelva a hervir el jarabe para condensarlo. Si la llama es viva, bastará con unos 5 minutos.

Cuando se enfríe, viértalo en un bote, donde habrá puesto los melocotones, y, por último, añada el aguardiente. Tape el bote.

Estos melocotones se pueden consumir a los tres meses; sírvalos en una taza con un poco de almíbar.

Melocotones en almíbar y alcohol (n.º 1)

Ingredientes
1 kg de melocotones amarillos
1 l de agua
500 g de azúcar
aguardiente

Los melocotones, de carne dura, no deben tener ninguna tara y tienen que estar maduros, pero no blandos. Lávelos bajo el chorro de agua corriente para eliminar cualquier resto de productos químicos, límpielos con un paño y déjelos secar al aire.

Vierta el agua en una cazuela, añada el azúcar y lleve a ebullición. Disminuya la llama al mínimo.

Transcurridos unos 20 minutos, introduzca los melocotones, uno a uno, con mucho cuidado. Pínchelos antes varias veces con una aguja de hacer media. Procure que el jarabe recubra completamente los melocotones durante la cocción, que ha de durar unos 5 minutos. Apague el fuego.

Saque los melocotones del jarabe e introdúzcalos con mucho cuidado en un bote grande de boca ancha.

Pasadas unas horas, cuando el jarabe esté completamente frío, viértalo en el bote; como no bastará para cubrir los melocotones, añada aguardiente. Cierre el bote y guárdelo en un lugar fresco y oscuro.

Estos melocotones pueden consumirse dos meses después de su preparación.

Melocotones en almíbar y alcohol (n.º 2)

Ingredientes
2 kg de melocotones amarillos
900 g de azúcar
2 l de agua
2 palos de canela
2 clavos de olor
alcohol de 65º

Los melocotones no deben tener ninguna tara y han de estar maduros. Límpielos cuidadosamente con un paño, para eliminar el polvo, y, acto seguido, colóquelos en un bol lleno de agua fría, donde deberán permanecer durante 2 horas; cambie el agua cada media hora. De esta forma se eliminan todos los restos de insecticidas u otras sustancias químicas.

Seque los melocotones con un paño y con una aguja gruesa pínchelos en cuatro o cinco puntos.

Mientras tanto, hierva en una cazuela el agua, el azúcar, la canela y los clavos. Transcurridos 20 minutos, quite los palos de canela y los clavos, e introduzca los melocotones en el jarabe, uno a uno, procurando no aplastarlos ni estropearlos. Deje que hiervan unos 5 minutos, aparte la cazuela del fuego y saque los melocotones con la ayuda de una espumadera.

Coloque dos o tres melocotones en cada bote de vidrio, procurando no aplastarlos, añada un poco de jarabe y recubra con alcohol. Cierre los botes y guárdelos en un lugar fresco y oscuro. Cada día debe controlar si los melocotones han absorbido el líquido; si es así, añada más alcohol, para que la fruta se halle siempre recubierta.

Para poder consumir estos melocotones deben transcurrir, por lo menos, seis semanas desde su preparación.

Mermelada de membrillo

Ingredientes
1 kg de membrillos
600 g de azúcar
1 vaso de agua
1 pellizco de vainilla
1 copita de ron

Lave los membrillos y frótelos enérgicamente con un paño limpio. Córtelos en tajadas finas, sin pelarlos.

Póngalos en una cazuela, añada el vaso de agua y la vainilla, y deje hervir lentamente, removiendo con una cuchara de madera hasta que la masa se ablande.

Aparte la cazuela del fuego y cuando los membrillos estén tibios páselos por un pasapurés.

Entretanto, disuelva el azúcar en poquísima agua y caliente a fuego lento, hasta obtener un jarabe límpido y muy denso. Añádalo al puré de membrillo, mezcle cuidadosamente y lleve a ebullición, a fuego muy lento, sin dejar de remover, hasta que la mermelada esté perfectamente cocida.

Déjela enfriar un poco, agregue el ron y, una vez completamente fría, viértala en tarros de vidrio.

Conserva de membrillos

Ingredientes
membrillos
agua
azúcar

Lave los membrillos y séquelos con un trapo. Córtelos en gajos e introdúzcalos en una cazuela; cúbralos con agua.

Ponga la cazuela en el fuego y, removiendo de vez en cuando, lleve a ebullición hasta que la fruta esté bastante blanda. Apague entonces el fuego y deje que los membrillos se enfríen un poco; sáquelos entonces del agua y páselos por el pasapurés.

Pese el puré obtenido, introdúzcalo en la cazuela con el agua de cocción y hierva de nuevo; cuando llegue a ebullición, agregue la misma cantidad de azúcar que de pulpa de membrillo. Remueva continuamente con una cuchara de madera y apague el fuego cuando la conserva haya adquirido la debida consistencia.

Déjala enfriar y distribúyala en los botes. Espere unas 10 horas antes de cerrarlos con las tapas forradas con papel parafinado impregnado en alcohol. Antes de verter la conserva en los botes, puede añadir una o dos copitas de ron, mezclando enérgicamente.

Carne de membrillo y manzanas reinetas

Ingredientes
pulpa de membrillo y manzana
azúcar
azúcar vainillado

Para esta receta puede emplear la pulpa que ha sobrado de la preparación de la jalea de membrillo (véase la pág. 72).

Aplaste bien la pulpa en el colador y pésela. A continuación, introdúzcala en una cazuela, póngala en el fuego junto con tres cuartas partes de su peso de azúcar y, sin dejar de remover con una cuchara de madera, cocine a fuego lento hasta que presente un aspecto consistente.

Vierta la mezcla en una bandeja amplia y, con la ayuda de la hoja de un cuchillo, dele una forma rectangular o redonda, más o menos del tamaño de un plato de postre. Deje secar la pasta, dándole la vuelta de vez en cuando, y cuando presente un aspecto duro y consistente, envuélvala en hojitas de papel celofán y consérvela en latas o en recipientes de vidrio. Antes de envolverla en celofán puede recortar diferentes formas con moldes para cortas las pastas y recubrirlas con azúcar vainillado.

Jalea de membrillo

Ingredientes
membrillos
agua
azúcar

Limpie cuidadosamente los membrillos con un paño de cocina, córtelos en cuatro trozos, sin pelarlos, y elimine la parte dura del centro; meta las pepitas en una bolsa de muselina.

Coloque la fruta en una cazuela, añada agua en la proporción de 1,75 l por cada kilo de membrillo, agregue la bolsa de muselina y cueza a fuego lento, removiendo de vez en cuando con una cuchara de madera. Cuando empiecen a deshacerse los membrillos, aparte la cazuela del fuego y pase la fruta por el tamiz; exprima también la bolsa con las pepitas, para extraer toda la jalea.

Pese el jugo obtenido y viértalo nuevamente en la cazuela. Agregue 800 g de azúcar por cada litro de jugo. A fuego lento lleve a ebullición y espume a menudo. En cuanto la jalea empiece a adherirse a la cuchara de madera, formando una delgada película, apague el fuego y distribúyala aún caliente en los tarros. Espere unas 2 horas, hasta que se enfríe, y cierre los botes con las tapas forradas con papel parafinado impregnado en aguardiente.

Mermelada de melón

Ingredientes
melón
azúcar
zumo de 1 limón
1 copita de kirsh o de ron

Los melones más adecuados para esta receta deben ser pequeños, muy olorosos y de piel rugosa; además, han de utilizarse cuando se encuentran en su punto justo de maduración.

Parta el melón en cuatro, quite la corteza, las semillas y los filamentos, y trocee la pulpa; pésela para saber qué cantidad de azúcar necesitará (medio kilo por cada uno de pulpa).

Introduzca en una cazuela el melón y el azúcar, tape y deje marinar un mínimo de 12 horas. Transcurrido ese tiempo ponga la cazuela en el fuego, espere a que empiece la ebullición, baje entonces la llama al mínimo y cueza sin dejar de remover durante 1 hora aproximadamente. Realice entonces la prueba de la gota en el plato inclinado; si la mermelada ya está a punto, aparte la cazuela del fuego, añada el limón y el kirsch (o el ron) y deje enfriar.

Viértala en los tarros y ciérrelos con las tapas forradas con papel parafinado impregnado en ron o kirsch.

Confitura de melón

Ingredientes
1 kg de melón pelado
500 g de albaricoques secos
1 vaina de vainilla
azúcar
agua

Para elaborar esta receta los melones no deben estar demasiado maduros y la cáscara ha de presentar un color verde oscuro. Quítele la corteza al melón, elimine las semillas y los filamentos, y corte la pulpa en cubos; póngalos en un bol grande; espolvoree 100 g de azúcar y deje marinar 12 horas.

Lave y seque los albaricoques, póngalos en un bol, cúbralos con agua y déjelos macerar 12 horas.

Machaque el melón hasta reducirlo a puré y añada los albaricoques bien escurridos; pese la mezcla.

Corte la vaina de vainilla por la mitad, agregue azúcar (la misma cantidad que el peso de la mezcla de melón y albaricoques) y la vainilla a las frutas y viértalo todo en una cazuela. Cocine a fuego moderado y espere a que empiece la ebullición; justo en ese momento baje la llama al mínimo y deje que cueza aproximadamente 1 hora, sin dejar de remover. La confitura debe ser espesa, pero no demasiado, ya que espesará más al enfriarse.

Una vez tibia, viértala en los tarros y cuando esté completamente fría ciérrelos con tapas forradas de papel parafinado impregnado en aguardiente.

Mermelada de mora

Ingredientes
*1 kg de moras
200 g de azúcar
agua*

Las moras utilizadas para esta conserva deberán estar completamente maduras y ser suaves, perfumadas y negrísimas.

Coloque las moras en un bol con mucho cuidado para que no se aplasten. Límpielas, elimine los rabillos y deseche los frutos que no estén maduros o que contengan cualquier impureza. Deje las moras en remojo durante 1 hora.

Seguidamente aplástelas con un tenedor y póngalas en una cazuela en el fuego; cuando alcancen el punto de ebullición, baje la llama y deje que prosiga muy lentamente la cocción durante 15 minutos como máximo, removiendo continuamente con una cuchara de madera.

Aparte el recipiente del fuego, deje que las moras se enfríen un poco, páselas por el pasapurés y recoja la pulpa en una cazuela. Agregue el azúcar y ponga la cazuela nuevamente en el fuego; removiendo continuamente, espere a que la mermelada adquiera la justa consistencia.

Apague entonces la llama y, transcurridos 5 minutos, vierta la mermelada en los botes, pero no los cierre hasta que la mermelada esté completamente fría. Forre el interior de las tapas con discos de papel parafinado impregnado en aguardiente y cierre los botes.

Esta mermelada debe guardarse en un lugar fresco y oscuro. Se puede utilizar para la preparación de exquisitas tartaletas o bien en el desayuno, porque su perfume aumenta con el pan y la mantequilla.

Jarabe de moras

Ingredientes
moras
azúcar

Limpie bien las moras, que deben estar maduras, pero no deshechas; quite los rabillos y las hojas. Lávelas con agua corriente, procurando que el chorro no sea excesivamente fuerte, porque podría aplastarlas.

Escúrralas y péselas; póngalas en una cazuela, junto con el azúcar (la misma cantidad que el peso de las moras). Cocine a fuego lento, hasta que el azúcar se haya disuelto y se haya formado una masa compacta.

Aparte la cazuela del fuego y cuando la pulpa se haya enfriado pásela por el pasapurés, recogiendo el jugo en un bol. Si resulta excesivamente líquido, puede ponerlo en el fuego para que evapore, hasta que quede reducido a tres cuartas partes de su volumen. No es conveniente excederse con la evaporación, porque, al enfriarse, el jarabe podría convertirse en jalea.

El jarabe de moras se conserva en un bote o una botella herméticamente cerrados y puede consumirse como bebida con agua y hielo.

Naranjas en aguardiente

Ingredientes
*20 naranjas
0,5 l de aguardiente
0,5 l de coñac
1 kg de azúcar
5 clavos de olor
1 palo de canela
2 sobrecitos de vainilla*

Las naranjas deben tener la piel muy fina, ser jugosas y estar maduras. Pélelas, con paciencia, porque debe eliminar cualquier pielecita o filamento blanco. Si no tienen semillas, mucho mejor, pero si las tienen, debe quitarlas cortando ligeramente la piel de cada gajo con la punta de unas tijeras.

Pinche los gajos cuatro o cinco veces con un alfiler. Introduzca en un bote todos los ingredientes, excepto la naranja, y mezcle bien con una cuchara de madera, para disolver el azúcar y la vainilla. Poco a poco vaya añadiendo los gajos de naranja, que deben quedar totalmente cubiertos por el líquido (de hecho, este debe sobrepasarlos unos tres dedos). Si el líquido no fuese suficiente, agregue más coñac y azúcar.

Tape el bote y deje reposar en la oscuridad unos cuarenta días antes de abrirlo. Puede servir los gajos de naranja en una copa con algo de aguardiente y un palillo.

Conserva de naranja

Ingredientes
1 kg de naranjas maduras
800 g de azúcar
1 limón
1 copita de ron

Las naranjas deben tener una piel fina y estar bien maduras; además, no deben presentar ningún golpe u otra señal externa. Déjalas en remojo durante 1 hora; luego séquelas con un paño.

Pínchelas en distintos sitios con una aguja gruesa y vuelva a ponerlas a remojo, en agua fría, durante algunas horas. Sin pelarlas, córtelas en gajos, eliminando la mayor parte posible de películas, filamentos y semillas. Repita esta operación con el limón.

Ponga las naranjas, el limón y el azúcar en una cazuela y cocine, a fuego lento, durante media hora. Transcurrido este tiempo, aparte el recipiente del fuego y añada el ron. La mezcla obtenida debe ser densa y transparente.

Se deja enfriar antes de colocarla en los botes.

Para esta conserva, en lugar de ron, puede utilizar el zumo de uno o dos limones; el sabor será menos dulce y el aroma, completamente distinto.

Mermelada de naranja a la inglesa con limón

Ingredientes
20 naranjas
2 limones
agua
azúcar

Tanto las naranjas como los limones deben tener la piel fina y estar maduros, pero no excesivamente blandos. Primero friegue las frutas con un paño, para eliminar el polvo y los productos antiparasitarios, y luego póngalas en remojo en un barreño grande, cambiando varias veces el agua.

Seque las naranjas y los limones uno a uno; quite las cortezas y resérvelas. Elimine las pieles blancas y los filamentos de cada pieza y corte cada una en cuatro pedazos; quite también las semillas, filamentos y pielecillas interiores. Pese la fruta pelada y colóquela en un recipiente con tantos litros de agua como kilos de fruta haya; déjela durante un mínimo de 24 horas.

Mientras, ponga en una cazuela las cortezas con agua y cocínelas a fuego muy lento hasta que estén tan blandas que pueda aplastarlas fácilmente con los dedos. Retírelas del fuego y déjelas enfriar durante 24 horas.

A continuación, incorpore la pulpa y el azúcar (la misma cantidad que pesa la fruta), y cocine a fuego lento durante 30 minutos sin dejar de remover. Cuando presente un aspecto suficientemente espeso y cristalino, aparte la cazuela del fuego y deje que la mermelada se enfríe antes de verterla en los tarros.

Entretanto, empape en alcohol discos de papel parafinado y forre con ellos la parte interna de las tapas. Cierre los tarros y guárdelos en la despensa. No debe abrirlos antes de que hayan transcurrido tres meses.

Jalea de naranja

Ingredientes
naranjas
azúcar

Exprima todas las naranjas y filtre el zumo a través de un colador de malla muy fina para eliminar las semillas y los filamentos. Mida la cantidad de zumo obtenida y calcule 1,1 kg de azúcar por cada litro de zumo.

Vierta el zumo de naranja y el azúcar en una cazuela y cocine a fuego muy lento. De vez en cuando suba la llama para que aflore la espuma, que debe eliminar con la espumadera. Remueva con frecuencia para evitar que la gelatina se pegue o sobrepase el borde de la cazuela. Cada cierto tiempo deberá apartar el recipiente del fuego y dejar que la gelatina se enfríe ligeramente. De esta forma podrá comprobar si ha llegado a su punto exacto de cocción y si la densidad es la conveniente. La jalea estará lista cuando al introducir una cuchara y sacarla observe que en su superficie se ha formado una telilla. Otro procedimiento más seguro es verter en un plato una gota de jalea: si se condensa rápidamente es el momento de apartar la cazuela del fuego.

Trasvase inmediatamente la jalea a los frascos y espere a su completo enfriamiento. Antes de tapar los botes coloque en la boca de cada uno de ellos un disco de papel parafinado empapado en alcohol o aguardiente. Ciérrelos y guárdelos en un lugar fresco, seco y oscuro.

Jalea de naranja con zumo de manzana

Ingredientes
1 kg de zumo de naranja
350 g de manzanas
750 g de azúcar

Limpie cuidadosamente las manzanas con un paño de cocina. Sin pelarlas, córtelas en gajos y elimine el corazón. Coloque los gajos en una cazuela con poquísima agua (mejor, incluso, sin agua) y cocínelos a fuego lento removiendo continuamente con una cuchara de madera. Cuando se hayan deshecho, apártelos del fuego, déjelos enfriar un poco y páselos por el pasapurés.

Recoja el jugo obtenido y viértalo, junto con el azúcar y el zumo de naranja, en una cazuela. Cueza lentamente hasta que la jalea resulte clara y haga hilos entre los dedos. Déjela enfriar un poco y colóquela en los recipientes adecuados.

Licor de naranja

Ingredientes
1 naranja
1 l de aguardiente
250 g de azúcar

Se necesita un bote de vidrio con tapa de rosca, en cuyo interior ha de introducir un grueso disco de corcho con dos agujeros para pasar un cordel. El cordel sujeta con fuerza el rabito de una naranja jugosa, madura y dulce.

Lave, limpie y seque bien la naranja; ate el rabo en la forma descrita y vierta en el bote aguardiente de buena calidad, de 50 a 60°; agregue el azúcar. Agite con energía para disolver el azúcar completamente.

Al enroscar el tapón, la naranja debe quedar colgada, sin tocar el aguardiente.

Coloque el bote en un lugar fresco y oscuro que no debe manipular hasta que hayan transcurrido, por lo menos, un par de meses. Transcurrido ese tiempo observará que la naranja ha empequeñecido y presenta un aspecto oscuro y seco, mientras que los aceites volátiles de su cáscara y el zumo de la pulpa se han mezclado con el aguardiente, que ahora está muy perfumado.

Desenrosque el tapón, extraiga la naranja y vierta el líquido en una botella con cierre hermético.

Si se añaden dos cucharadas de este licor a una tacita de agua hirviendo, se obtiene un grog exquisito y revitalizante.

También puede prepararse de la misma manera licor de pomelo y de limón.

Ratafía de naranja

Ingredientes
1 kg de naranjas
1 l de aguardiente
0,5 l de agua
1 kg de azúcar

Las naranjas deben ser jugosas y de piel fina. Lávelas cuidadosamente y córtelas en cuatro trozos, procurando no desperdiciar el zumo y eliminando las semillas.

Ponga los trozos de naranja en un recipiente grande, provisto de cierre hermético, y añada el aguardiente. No agite el recipiente ni mueva las naranjas; guárdelo en un sitio fresco.

Transcurridos veinte días prepare un jarabe hirviendo agua y azúcar lentamente. Deje que se enfríe y viértalo sobre las naranjas.

Ocho días después filtre la ratafía primero con ayuda de un colador, exprimiendo todo lo posible las naranjas, y después a través de papel de filtro. Embotéllelo.

Obtendrá un delicioso licor que conviene dejar envejecer durante un año antes de ser degustado. Conserve las botellas en un lugar fresco.

Conserva de nísperos

Ingredientes
1 kg de nísperos
800 g de azúcar
0,5 l de agua
1 copita de ron

Los nísperos deben tener la piel perfecta. Póngalos en remojo y cambie el agua dos o tres veces. Séquelos con un paño, córtelos y elimine los huesos.

Colóquelos en una cazuela, junto con el azúcar y el agua, y póngalos en el fuego, con la llama baja.

Lleve a ebullición removiendo de vez en cuando con una cuchara de madera y, cuando la conserva empiece a ser transparente, eche una gota en un plato inclinado: si resbala, ya está a punto. Agregue el ron y mezcle bien.

Deje que la conserva se enfríe un poco y trasvásela a los botes. Forre la parte interior de las tapas con discos de papel parafinado, impregnados en aguardiente y cuando la conserva esté completamente fría, cierre los botes. Ábralos transcurridos tres meses.

Mermelada de peras

Ingredientes
peras maduras
azúcar
agua

Lave cuidadosamente las peras, séquelas, córtelas en cuartos y elimine el corazón.

A continuación, póngalas en una cazuela con muy poca agua (más o menos medio vaso por cada kilo de fruta).

Déjelas hervir durante algunos minutos, hasta que se hayan ablandado, pero no deshecho.

Pase las peras por el pasapurés, aplastándolas bien para que incluso de la piel salga la mayor cantidad posible de jugo. Pese el zumo y añádale la misma cantidad de azúcar.

Viértalo todo en una cazuela y deje cocer a fuego lento removiendo con bastante frecuencia. La conserva debe ser consistente y transparente. Cuando se halle en ese punto de cocción, aparte la mermelada del fuego, déjala reposar 5 minutos y viértala en los botes, previamente calentados. No los tape todavía.

Métalos en la nevera y, una vez transcurridas varias horas, ciérrelos y guárdelos en un lugar fresco y oscuro.

Peras en almíbar

Ingredientes
1 kg de peras
850 g de azúcar

Las peras, de pulpa dura y muy perfumadas, deben estar maduras. Lávelas bajo el chorro de agua corriente, séquelas una a una, pélelas, córtelas en cuartos y elimine los corazones.

Coloque la fruta en un bol y esparza el azúcar. Tape el bol y deje las peras marinando durante 12 horas aproximadamente.

Transcurrido ese tiempo saque las peras con la ayuda de una espumadera y escurra todo el líquido azucarado en una cazuela; póngala en el fuego, con la llama baja, y cuando el jarabe empiece a hervir, incorpore los trozos de pera y prosiga la cocción durante 2 o 3 minutos.

Aparte la cazuela del fuego y espere a que las peras y el almíbar se enfríen completamente. Distribúyalos entonces en los botes; ciérrelos herméticamente y guárdelos en un lugar fresco. Estas peras en almíbar no pueden consumirse antes de dos meses.

Piña y fresas conservadas en aguardiente

Ingredientes
1 piña madura
300 g de fresas maduras
azúcar
1 botella de aguardiente

Pele la piña y corte la pulpa primero en rodajas y luego en gajos. Para ir más rápido puede usar una lata de piña en conserva, que ya está cortada en pedacitos, pero en este caso debe escurrir todo el jarabe. Coloque la piña en un bote de vidrio que tenga cierre hermético.

Limpie perfectamente las fresas (también puede utilizar fresones) y, si son grandes, se cortan en pedacitos. Póngalos en el recipiente de la piña. Pese la fruta y añada el mismo peso de azúcar.

Mezcle cuidadosamente con la ayuda de una cuchara de madera y deje en reposo hasta el día siguiente. Añada el aguardiente, hasta cubrir completamente la fruta, y cierre el bote herméticamente; no debe abrirlo antes de dos o tres meses.

Piña en almíbar

Ingredientes
1 kg de piña (peso neto)
1 kg de azúcar
agua
2 naranjas
2 o 3 manzanas

La piña debe estar madura. Pélela y córtela por la mitad; elimine la parte dura del centro y corte el resto en rodajas. Pese la piña.

En una cazuela ponga el azúcar (la misma cantidad que de piña pelada y troceada) y vierta un poco de agua. Deje que hierva durante unos minutos hasta que se convierta en almíbar.

Coloque los trozos de piña en un bol, cúbralos con el almíbar y deje en infusión durante 4 horas.

Ponga las manzanas troceadas en una cazuela con un poco de agua y cuézalas. Por otro lado, hierva en un poco de agua las peladuras y recortes de la piña. Una vez cocidas las manzanas y las peladuras de piña, cuele el agua de cocción y añada el zumo de las naranjas. Fíltrelo todo con un trapo.

Pese el jugo y añádale la misma cantidad de azúcar (este azúcar es independiente del indicado en los ingredientes).

Escurra los trozos de piña.

Vuelva a poner el almíbar en el fuego para que quede algo más fuerte; compruebe si está en su punto observando una gota del almíbar entre la yema de dos dedos: si al separarlos forman entre ambos un hilo viscoso, el almíbar ya está listo.

Incorpore los trozos de piña y déjelos un minuto más en el fuego. Luego sáquelos y déjelos enfriar.

Recoja de nuevo el almíbar de la piña, añádalo al jugo filtrado y póngalo a cocer. Están en su punto cuando se pinchan sin resistencia y adquieren un aspecto transparente.

Finalmente, se deja enfriar, se llenan los botes preparados y se cierran. Puede aromatizarse con vainilla o kirsch.

Granos de uva al caramelo

Ingredientes
racimos de uva blanca
500 g de azúcar
1 vaso de agua
1/2 cucharadita de crémor
palillos de madera
aceite

Las uvas no deben tener semillas, el grano ha de ser bastante grueso y la piel, no demasiado fina. Con ayuda de unas tijeras separe los granos del racimo, dejando un poquito de rabo (unos 2 mm) para evitar que se pierda el zumo.

Limpie muy bien los granos de uva bajo el chorro de agua corriente y póngalos en un colador para que se escurran perfectamente. De vez en cuando agite el colador para eliminar la mayor cantidad posible de agua.

Vierta en una cazuela el agua, el azúcar y el crémor. Lleve a ebullición, a fuego muy lento, hasta que cuando vierta una gota de jarabe en un plato inclinado forme bolitas.

Atraviese cada grano de uva con un palillo y, a continuación, con mucho cuidado y uno a uno, échelos en el jarabe hirviendo. Sáquelos y colóquelos, bien alineados pero sin que se toquen, en una bandeja ligeramente untada con aceite (puede empapar un algodón en aceite, escurrirlo bien y fregar la bandeja).

Una vez fríos, los granos de uva se habrán endurecido; guárdelos en cucuruchos de papel, en un bote de cristal o en una lata. Se deben consumir antes de diez días.

Mermelada de uva

Ingredientes
uvas
azúcar

En primer lugar, desgrane las uvas y deseche la fruta estropeada o excesivamente madura. Póngalas a calentar a fuego lento en una cazuela y con una cuchara de madera macháquelas. Apague el fuego y filtre el zumo obtenido. Péselo.

Ponga de nuevo una cazuela en el fuego, introduzca en ella el zumo de uva y la misma cantidad de azúcar, y cueza lentamente hasta que el azúcar se disuelva bien. Apague entonces el fuego y deje enfriar la mermelada.

Mientras, impregne con aguardiente discos de papel parafinado y revista con ellos la parte interna de las tapas. Vierta la mermelada en los botes, ciérrelos y guárdelos en la despensa.

Mermelada de uva moscatel y peras

Ingredientes
1 kg de uva moscatel
1 kg de peras

En primer lugar, limpie las uvas y póngalas en la licuadora. Vierta el mosto en una cazuela, póngalo en el fuego y redúzcalo a la mitad. Durante la ebullición, que debe realizarse a fuego muy lento, remueva continuamente con una cuchara de madera, para evitar que el líquido se pegue.

Mientras tanto pele las peras, que deben estar maduras, córtelas en cuartos y elimine los corazones. A continuación, incorpórelas al mosto y prosiga la cocción, sin dejar de remover. Se necesita 1 hora, aproximadamente, para obtener un producto blando, homogéneo y consistente. Cuando la mermelada alcance el punto de condensación deseado, viértala, aún caliente, en los botes.

Deje que se enfríe un poco; mientras tanto, impregne con aguardiente discos de papel parafinado y revista con ellos la parte interna de las tapas. Cierre los botes y guárdelos en la despensa. La mermelada podrá ser consumida tres meses después de su preparación.

Jarabe de uva

Ingredientes
uvas blancas

Las uvas tienen que ser dulces. Límpielas bien, eliminando los granos estropeados o verdes, y póngalas en remojo. Cambie el agua varias veces y finalmente lávelas bajo el chorro de agua corriente. Escúrralas y extiéndalas sobre un paño para que se sequen bien; se necesita todo un día.

Pasado este tiempo, ponga las uvas en un bol, si es posible de madera, y aplástelas ligeramente para empezar a extraer el zumo. Deje que fermente durante 24 horas y exprima las uvas para extraer el mosto.

Fíltrelo a través de un paño limpio y viértalo en una cazuela; póngala el fuego, con la llama muy baja. Ponga la tapa de la cazuela pero algo separada del borde y deje hervir lentamente el mosto durante unas horas, hasta que adquiera la densidad de un jarabe.

Deje que se enfríe completamente antes de verterlo en las botellas, que se guardan en un lugar oscuro y fresco.

Este jarabe puede consumirse dos meses después de su preparación.

Uvas en alcohol

Ingredientes
1 kg de granos de uva
1 l de alcohol de 65°
200 g de azúcar

Elija una uva blanca vistosa, madura, de granos gruesos y piel fina. Antes de desgranar los racimos, lávelos cuidadosamente en abundante agua y friegue todos los granos con un paño para eliminar el polvo y los bactericidas. Con un par de tijeras separe de los racimos los mejores granos, dejando un pedacito de rabillo.

Ponga en un bol el azúcar y el alcohol, y mezcle muy bien con una cuchara para que el azúcar se disuelva rápidamente.

En un bote de vidrio vierta un poco de alcohol y, a continuación, coloque una capa de granos de uva, procurando que todos los rabillos miren hacia arriba. Después vuelva a echar un poco más de alcohol y ponga de nuevo otra capa de granos de uva, y así sucesivamente hasta acabar con todos los ingredientes. Todos los granos de uva deben quedar sumergidos en el alcohol.

Cierre el recipiente y guárdelo en un lugar fresco y oscuro. Debe transcurrir un mínimo de tres meses antes de su degustación.

CONSERVAS DE VERDURAS

Normas de elaboración

Además de las frutas, las verduras son alimentos que permiten su conservación en forma de mermeladas, jaleas, jarabes, licores, etc. En efecto, con tomates, calabaza y remolacha, por ejemplo, se pueden preparar deliciosas conservas dulces, que nada tienen que envidiar a las que se preparan con melocotones o albaricoques.

Dado que los productos de la tierra se estropean rápidamente, hay que trabajar deprisa para aprovechar al máximo la materia prima.

OPERACIONES PRINCIPALES

La conservación de las verduras comporta cuatro operaciones básicas:

• Escaldado: se trata de una cocción incompleta de las hortalizas que se realiza sumergiendo las verduras en agua hirviendo durante el tiempo que precise cada una. Esta operación tiene la ventaja de que las limpia perfectamente.

• Baño en agua fría: sigue al escaldado y se realiza mediante una inmersión brusca de las verduras en un baño de agua fría. Esta operación devuelve a las verduras escaldadas su consistencia y firmeza anteriores.

• Esterilización: consiste en hervir durante un tiempo determinado los recipientes en que se hallan las verduras dentro de una olla. Estos botes, tarros, frascos... deben estar perfectamente limpios. Las medidas de higiene son primordiales. Siempre hay que comprobar si los aros de caucho están en perfecto estado y si se adaptan a cada tapa. En el caso de las verduras al natural, estas se deben apretar todo lo posible, pues durante la esterilización reducen notablemente su volumen.

Una vez cerrados los botes, se colocan cuidadosamente en una olla de doble fondo para llevar a cabo la esterilización con buen resultado, se recubren completamente de agua fría y se hierve durante un tiempo determinado. Si no se dispone de este tipo de olla, se puede utilizar una cacerola normal en cuyo fondo se pone una plancha o trapos doblados para aislar el calor.

- Enfriamiento: una vez efectuada la esterilización, conviene que los botes se enfríen rápidamente. Si se trata de recipientes de vidrio, deben dejarse dentro del agua hirviendo utilizada para esterilizar y se añade agua fría para enfriar aquella lo más rápido posible. Se vierte el agua despacio, dirigiendo el chorro sobre los puntos de la superficie donde no se hallan las tapas de los botes. Al cabo de 10 minutos, cuando ha descendido suficientemente la temperatura del agua, se puede sacar una buena parte y reemplazar con agua fría, siguiendo las precauciones indicadas. Cuando los botes están completamente fríos, se cierran herméticamente y se guardan en un lugar fresco y seco.

LAS PROPIEDADES DE LAS VERDURAS

Es interesante conocer las características de cada verdura que comemos cruda, hervida, en conserva, en salmuera, así como sus valores nutricionales y virtudes terapéuticas.

ALCACHOFA

Perteneciente a la familia de las Compuestas, la alcachofa *(Cynara scolymus)* se cultiva básicamente en zonas de clima templado o muy cálido. Existen numerosas variedades y en nuestro país es especialmente apreciada la de Tudela. La alcachofa se puede encontrar en el mercado desde el otoño hasta la primavera.

El principal componente de la alcachofa es el agua, seguida de los carbohidratos, entre los que destaca la insulina y la fibra; de ahí que su consumo se recomiende a los diabéticos y para favorecer el tránsito intestinal. Además, regulariza las funciones hepáticas y, dado que contiene mucho hierro, es muy aconsejable para aquellos que sufren anemia o raquitismo. Buen tónico, estimula el apetito y la digestión. Su consumo no presenta contraindicaciones.

En la cocina la alcachofa se prepara guisada, frita, al horno, etc., y es deliciosa en conserva (al natural, en aceite o en vinagre).

VALOR NUTRICIONAL POR CADA 100 G DE PORCIÓN COMESTIBLE

Energía: 44,5 kcal
Proteínas: 2,365 g
Vitamina B_2: 0,12 mg

Fibra: 10,79 g
Vitamina A: 16,67 µg
Vitamina PP: 0,9 mg

Carbohidratos: 2,9 g
Vitamina B_1: 0,14 mg
Vitamina C: 7,6 mg

APIO

El apio *(Apium graveolens)*, de la familia de las Umbelíferas y originario de la zona mediterránea, es una hortaliza muy sabrosa y perfumada. En el mercado se puede encontrar prácticamente durante todo el año, pero los mejores apios son de otoño, invierno y primavera.

Se consume crudo (en este caso es de difícil digestión) y cocido, fácilmente digerible. Magnífico en ensaladas y sopas, el apio también se puede conservar.

Esta hortaliza rica en sustancias nutritivas y vitaminas posee extraordinarias cualidades terapéuticas: es diurética y depurativa, y su consumo se aconseja en caso de artritis, reumatismo o niveles elevados de ácido úrico. Está compuesta sobre todo de agua; por su bajo contenido calórico forma parte de las dietas de adelgazamiento.

En medicina popular se realizan infusiones y preparados con las raíces, las hojas y las semillas para el tratamiento de los gases intestinales, la flatulencia y los trastornos hepáticos.

VALOR NUTRICIONAL POR CADA 100 G DE PORCIÓN COMESTIBLE

Energía: 19,2 kcal
Proteínas: 1,19 g
Vitamina B_2: 0,076 mg

Fibra: 1,4 g
Vitamina A: 8,33 µg
Vitamina PP: 0,48 mg

Carbohidratos: 2,47 g
Vitamina B_1: 0,048 mg
Vitamina C: 7 mg

BERENJENA

La berenjena *(Solanum melongena)* pertenece a la familia de las Solanáceas y se cultiva en toda España. La planta es verdaderamente bella, con hojas verde brillante y flores violáceas delicadamente difuminadas en lila. En función del clima donde se cultiva, la berenjena madura desde la primavera hasta el otoño. Únicamente es comestible cuando se arranca de la planta una vez alcanzada la completa maduración. En caso contrario, tiene un sabor ácido, ferroso y desagradable.

De poco contenido calórico, la berenjena es rica en principios nutritivos. Su consumo no presenta contraindicaciones y forma parte de las dietas adelgazantes. Se le atribuyen propiedades laxantes, diuréticas y relajantes.

Su característico sabor, suave y vegetal provoca diferentes reacciones: resulta ligeramente áspero para algunos paladares y muy agradable para otros.

La carne harinosa de la berenjena se consume cocida, frita, horneada..., pero también es excelente para elaborar conservas.

VALOR NUTRICIONAL POR CADA 100 G DE PORCIÓN COMESTIBLE

Energía: 21,7 kcal
Proteínas: 1,25 g
Vitamina B_2: 0,045 mg

Fibra: 2,5 g
Vitamina A: 8,44 µg
Vitamina PP: 0,75 mg

Carbohidratos: 2,39 g
Vitamina B_1: 0,038 mg
Vitamina C: 5,87 mg

CALABAZA

La calabaza *(Cucurbita pepo)* es una hortaliza de grandes dimensiones y carne dura y azucarada. Existen muchas variedades, pero pueden agruparse en calabazas de verano, de piel más gruesa, y calabazas de invierno, más dulces. Están disponibles en el mercado durante todo el año.

El principal componente de la calabaza es el agua. Destaca su contenido en fibra, que sacia y mejora el tránsito intestinal. También es rica en betacaroteno, de acción antioxidante, por lo que su consumo se recomienda para reducir el riesgo de sufrir enfermedades cardiovasculares.

Con las semillas de calabaza, mezcladas con otros ingredientes, se puede obtener un eficaz remedio contra la tenia.

Con la calabaza se puede preparar tanto una mermelada dulce como una confitura picante. También son comestibles las flores; si se mezclan con harina y huevo, y se fríen en aceite hirviendo, resultan exquisitas.

Una variedad de calabaza es el calabacín, alimento sin grandes cualidades nutritivas, pero magnífico refrescante y diurético. Su consumo no presenta contraindicaciones y es aconsejable en las dietas adelgazantes.

VALOR NUTRICIONAL POR CADA 100 G DE PORCIÓN COMESTIBLE

Energía: 29 kcal	Fibra: 2,16 g	Carbohidratos: 4,59 g
Proteínas: 1,125 g	Vitamina A: 127,58 µg	Vitamina B_1: 0,047 mg
Vitamina B_2: 0,067 mg	Vitamina PP: 0,35 mg	Vitamina C: 12 mg

COL

La col *(Brassica oleracea)*, o repollo, es una de las verduras más populares y se cultiva en todas las huertas de la Península Ibérica. Pertenece a la familia de las Crucíferas y madura desde el verano hasta principios de invierno.

El principal componente de la col es el agua (92 %), pero también es rica en sales minerales y vitaminas. Se le atribuye un efecto preventivo de la úlcera gástrica. Con las hojas de col se hacen infusiones, cocimientos y cataplasmas para tratar la afonía, la tos, el catarro bronquial, las llagas y las úlceras varicosas. La col ayuda a quemar grasas, reduce el colesterol y previene la hipertensión.

Poseen propiedades similares a la col otras verduras de la misma familia, como las coles de Bruselas, la coliflor y el brócoli.

Con col se elabora una conserva muy popular en Europa, el chucrut, col blanca fermentada en salmuera.

VALOR NUTRICIONAL POR CADA 100 G DE PORCIÓN COMESTIBLE		
Energía: 30,6 kcal	Fibra: 2,96 g	Carbohidratos: 4,18 g
Proteínas: 1,375 g	Vitamina A: 12 µg	Vitamina B_1: 0,043 mg
Vitamina B_2: 0,045 mg	Vitamina PP: 0,73 mg	Vitamina C: 48 mg

ESPÁRRAGO

El espárrago *(Asparagus officinalis)* es la yema tierna de la esparraguera, exquisita y de sabor muy suave. Se cultiva en gran número de huertas de la Península Ibérica y existen dos grandes variedades: espárragos blancos (deben su color a que no desarrollan la clorofila porque crecen bajo tierra) y verdes o trigueros.

Aunque están disponibles todo el año gracias al cultivo en invernadero, la mejor época para consumirlos son los meses de abril y mayo.

Son muy conocidas las propiedades diuréticas y laxantes del espárrago, pero no es aconsejable para las personas afectadas de trastornos de la vejiga o renales. También es un vegetal rejuvenecedor, gracias a su elevado contenido en ácido fólico.

Frescos o en conserva, los espárragos son una auténtica delicia.

VALOR NUTRICIONAL POR CADA 100 G DE PORCIÓN COMESTIBLE		
Energía: 21,7 kcal	Fibra: 1,31 g	Carbohidratos: 2,04 g
Proteínas: 2,25 g	Vitamina A: 87,42 µg	Vitamina B_1: 0,111 mg
Vitamina B_2: 0,105 mg	Vitamina PP: 1,38 mg	Vitamina C: 20 mg

GUISANTES

El guisante *(Pisum sativum)*, de familia de las Papilionáceas, es una legumbre trepadora que se cultiva en casi todo el mundo. Según el clima, madura desde el mes de junio hasta bien entrado el verano. Los guisantes que maduran durante la primavera son más pequeños y digeribles que los de verano, de vaina más dura.

Respecto a los valores nutricionales, el guisante es una fuente de minerales y fibra, pero también destaca su cantidad de azúcares, por lo que su consumo se desaconseja a quienes sufren obesidad o siguen una dieta adelgazante. La vaina que encierra los granos no es fácilmente digerible, por lo que no conviene que formen parte de la alimentación de las personas ancianas, los niños, las mujeres embarazadas y, en general, todos los que sufren trastornos intestinales o gástricos. En este caso es recomendable mezclar los guisantes con otras verduras, pasarlos por el pasapurés o elaborar una crema con la batidora eléctrica.

Secos, los guisantes son adecuados para purés y sopas, pero deben adquirirse sin vaina y cortados por la mitad. De un bonito color verde, tierno y brillante, tienen que estar intactos, sin rastros de picaduras de insectos. Si aparecen en ellos surcos, han de desecharse. Los guisantes desecados con la vaina se dejan en remojo durante un día entero, para que se hinchen y puedan ser separados fácilmente de la vaina.

VALOR NUTRICIONAL POR CADA 100 G DE PORCIÓN COMESTIBLE

Energía: 91,4 kcal
Proteínas: 6,875 g
Vitamina B_2: 0,16 mg

Fibra: 4,9 g
Vitamina A: 60,5 µg
Vitamina PP: 4,05 mg

Carbohidratos: 11,3 g
Vitamina B_1: 0,29 mg
Vitamina C: 21,94 mg

JUDÍAS

La judía *(Phaseolus vulgaris)* pertenece a la familia de las Leguminosas y se cultiva en más de cien variedades, que pueden agruparse en dos grandes subespecies: de enrame, de vaina gruesa y aplanada, y enanas, más estrechas y redondeadas. De la semilla de la judía se obtienen las judías secas o granos, que se conservan durante mucho tiempo si se almacenan en lugares frescos y aireados, al abrigo de la humedad. Las judías verdes son mucho más fáciles de digerir que las secas y no provocan flatulencias.

La judía es muy rica en sustancias nutritivas y tiene un bajo contenido calórico, pero no es bien tolerada por las personas con problemas digestivos.

En la cocina se utilizan en múltiples preparaciones: guisadas, hervidas, estofadas, en ensaladas, en conserva (a partir de las vainas verdes, frescas y sanas)...

VALOR NUTRICIONAL POR CADA 100 G DE PORCIÓN COMESTIBLE DE JUDÍAS VERDES

Energía: 36,9 kcal
Proteínas: 2,375 g
Vitamina B_2: 0,1 mg

Fibra: 2,4 g
Vitamina A: 69,8 µg
Vitamina PP: 1,45 mg

Carbohidratos: 4,2 g
Vitamina B_1: 0,06 mg
Vitamina C: 23,4 mg

PEPINO

El pepino *(Cucumis sativus)* pertenece a la familia de las Cucurbitáceas y se cultiva en todos los huertos de España. Hortaliza de verano, en función del clima madura también en primavera; no obstante, gracias al cultivo en invernadero, está disponible en el mercado durante todo el año.

Se recolecta aún verde y se come crudo, en ensalada y encurtido.

Debido a su alto contenido en agua y bajo en hidratos de carbono, el pepino tiene un aporte calórico reducido. Es rico en sustancias nutritivas y refrescantes para el intestino. Se considera que tiene propiedades diuréticas, laxantes y emolientes. Forma parte de las dietas de adelgazamiento y constituye un remedio eficaz contra los problemas de la piel.

VALOR NUTRICIONAL POR CADA 100 G DE PORCIÓN COMESTIBLE

Energía: 13,7 kcal
Proteínas: 0,625 g
Vitamina B_2: 0,03 mg
Fibra: 0,5 g
Vitamina A: 28,17 µg
Vitamina PP: 0,357 mg
Carbohidratos: 1,9 g
Vitamina B_1: 0,04 mg
Vitamina C: 7 mg

PIMIENTO

En nuestro país el pimiento *(Capsicum annuum)* goza de gran popularidad y se cultiva en gran número de variedades, que, atendiendo a su sabor, pueden agruparse en dulces (rojos, amarillos y verdes) y picantes (del piquillo, de Padrón y de Guernika, entre otros).

El pimiento es muy sabroso, pero de difícil digestión para las personas con el estómago o el hígado delicados y puede provocar inflamaciones intestinales. El pimiento picante es muy eficaz para combatir el alcoholismo, la artritis y los reumatismos. Gracias a su bajo contenido calórico, forma parte de las dietas de adelgazamiento de aquellas personas que lo toleran. También constituye una buena fuente de fibra.

Ingrediente fundamental de las ensaladas, en la cocina se prepara de múltiples formas: asado, frito, relleno, en conserva... Del pimiento colorado desecado se obtiene el pimentón.

VALOR NUTRICIONAL POR CADA 100 G DE PORCIÓN COMESTIBLE DE PIMIENTO ROJO

Energía: 31,3 kcal
Proteínas: 1,25 g
Vitamina B_2: 0,03 mg
Fibra: 1,5 g
Vitamina A: 539,4 µg
Vitamina PP: 1,1 mg
Carbohidratos: 3,8 g
Vitamina B_1: 0,04 mg
Vitamina C: 138,73 mg

VALOR NUTRICIONAL POR CADA 100 G DE PORCIÓN COMESTIBLE DE PIMIENTO VERDE

Energía: 20,7 kcal
Proteínas: 0,625 g
Vitamina B_2: 0,02 mg
Fibra: 1,8 g
Vitamina A: 32,8 µg
Vitamina PP: 0,233 mg
Carbohidratos: 1,6 g
Vitamina B_1: 0,01 mg
Vitamina C: 107,19 mg

TOMATE

De origen americano, el tomate *(Solanum lycopersicum)* pertenece a la familia de las Solanáceas, su consumo es universal y se cultivan muchas variedades de gran calidad: en rama, de pera, cereza (de sabor afrutado), verde (de pulpa dura ideal para las ensaladas), etc.

Carnoso, jugoso, lleno de semillas, el tomate tiene un largo periodo de producción, que se prolonga desde mayo hasta el otoño, según la zona donde se cultive.

La pulpa es muy rica en nutrientes y vitaminas, especialmente en vitamina C, y en infusión, cocimientos o ungüentos, junto con las hojas frescas, constituye un remedio eficaz contra las hemorroides, la insuficiencia hepática y los trastornos renales y de la vejiga. El zumo de tomate fresco, aderezado con un poco de sal y algunas gotas de limón, es un alimento incomparable para los niños y las personas que deben alimentarse sin fatigar el estómago. Tiene propiedades diuréticas, laxantes, antiinflamatorias, cicatrizantes (uso tópico) y antioxidantes.

Con el tomate se elaboran infinidad de platos; aparte de constituir un ingrediente fundamental de ensaladas y refrescantes gazpachos, esta hortaliza realza el sabor de guisos, arroces, pescados, etc. Las conservas de tomate son de fácil digestión, siempre que se preparen de forma sencilla, sin adición de condimentos.

VALOR NUTRICIONAL POR CADA 100 G DE PORCIÓN COMESTIBLE

Energía: 23,3 kcal
Proteínas: 0,875 g
Vitamina B_2: 0,04 mg
Fibra: 1,4 g
Vitamina A: 217 µg
Vitamina PP: 0,9 mg
Carbohidratos: 3,5 g
Vitamina B_1: 0,07 mg
Vitamina C: 26,6 mg

ZANAHORIA

La zanahoria *(Daucus carota sativus)* es la hortaliza de mayor consumo mundial de la familia de las Umbelíferas. Aunque pueden encontrarse en el mercado durante todo el año, la temporada de cultivo va de finales de la primavera a principios de la temporada; estas zanahorias son más pequeñas, dulces y tiernas.

La raíz, gruesa y carnosa, de color amarillo anaranjado, rica en azúcares, zumo y sabor, contiene múltiples propiedades terapéuticas: es digestiva, depurativa, diurética, vermífuga, antiséptica, refrescante. La zanahoria es rica en betacaroteno (fuente de vitamina A), un eficaz antioxidante. Consumir sistemáticamente zanahorias, cocidas o crudas, ralladas o aderezadas con aceite y limón, es muy favorable para la vista.

Con las raíces y las semillas se preparan cocimientos para tratar la afonía, las digestiones difíciles, la tos. Las cataplasmas de zanahoria cruda rallada son eficaces contra las quemaduras.

Respecto a las elaboraciones culinarias, esta hortaliza constituye un ingrediente fundamental de cualquier guiso. A la hora de cocinarla, es importante alcanzar el punto justo, para que no pierda valores nutritivos ni sabor.

VALOR NUTRICIONAL POR CADA 100 G DE PORCIÓN COMESTIBLE

Energía: 40,4 kcal
Proteínas: 1,25 g
Vitamina B_2: 0,05 mg

Fibra: 2,6 g
Vitamina A: 1455,17 µg
Vitamina PP: 0,767 mg

Carbohidratos: 6,9 g
Vitamina B_1: 0,06 mg
Vitamina C: 6,48 mg

Confitura de berenjenas

Ingredientes
1 kg de berenjenas pequeñas
1 kg de azúcar en polvo
250 g de miel
agua
1 cucharadita de canela
1 cucharadita de jengibre en polvo

Caliente agua en una cacerola. Pele las berenjenas. Ponga encima de la cacerola un colador de agujeros grandes y coloque dentro las berenjenas para que se cuezan al vapor; muévalas de vez en cuando con mucho cuidado.

Mientras, vierta el azúcar en una cazuela con dos vasos de agua; caliente sin dejar de remover hasta que el azúcar se disuelva completamente.

Cuando las berenjenas estén cocidas (compruébelo pinchándolas con la punta de un cuchillo), añádalas al azúcar y déjelas a fuego moderado durante 15 minutos.

Mientras tanto caliente la miel a fuego lento en otra cazuela.

Cuando las berenjenas estén bien impregnadas de azúcar, sumérjalas en la miel de tres en tres y cocínelas unos instantes a fuego suave.

A continuación, escalde los botes, séquelos y llénelos de berenjenas; vierta por encima el azúcar que queda en la cazuela; espolvoree con un poco de canela y jengibre y, cuando las berenjenas estén completamente frías, cierre los tarros con las tapas forradas de papel parafinado empapado de aguardiente.

Conserva de calabaza amarilla

Ingredientes
2 kg de calabaza pelada y limpia
2 kg de azúcar
1 vaina de vainilla
1 copita de ron
agua

La calabaza, amarilla, de carne dura y no acuosa, debe estar madura. Quítele la corteza y elimine las semillas y filamentos que se encuentran en el interior; trocee la pulpa y hiérvala en un poco de agua, sin sal. Debe procurar que no quede excesivamente blanda. Cuando alcance el grado exacto de cocción, escúrrala e introdúzcala en un bol lleno de agua muy fría.

Deje que repose durante un par de horas y luego escúrrala. Meta la calabaza junto con el azúcar en una cazuela, póngala en el fuego y agregue la vainilla y el agua necesaria para cubrirlo todo. Hierva lentamente, durante unos 20 minutos, removiendo con una cuchara de madera y espumando cuando sea necesario, hasta que se condense la conserva. Se ha llegado al punto exacto de cocción cuando una gota de la conserva vertida sobre un plato inclinado resbala sin dejar rastro.

Deje que se enfríe, añada el ron, mezcle bien y vierta la calabaza en los tarros. Forre la parte interna de las tapas con discos de papel parafinado impregnados de ron. Cierre bien los botes y guárdelos en un lugar fresco y oscuro.

Es conveniente dejar la conserva en reposo durante dos meses, antes de empezar a consumirla.

Mermelada de tomate

Ingredientes
2 kg de tomates de pera
2 kg de azúcar
1 pedacito de corteza de limón (sólo la parte amarilla)
1/2 sobre de vainilla
1 copita de ron

Escalde los tomates para poder pelarlos más fácilmente. Córtelos por la mitad o en pedacitos y colóquelos en una cazuela, junto con el resto de ingredientes, excepto el ron. Cocine, a fuego muy lento, durante 4 horas aproximadamente; luego deje que se enfríe un poco. Retire la corteza de limón, añada el ron, mezcle bien y deje enfriar totalmente antes de trasvasar la mermelada a los botes.

Para elaborar esta mermelada no es imprescindible que los tomates estén completamente maduros. Se procede de forma análoga, eliminando la mayor parte de piel posible y probando la mermelada cuando se apague el fuego, que indudablemente tendrá un sabor más áspero; para endulzarla basta con añadir un poco de azúcar. También la cantidad de vainilla puede modificarse cuando los tomates no están completamente maduros. En cambio, la cantidad de ron que se añade cuando la mermelada está tibia es invariable.

Conserva de tomate

Ingredientes
*1 kg de tomates de pera, maduros y carnosos
1 ramita de perejil
hojas de albahaca
1 cebolla
1 diente de ajo
sal
pimienta*

Lave los tomates bajo el chorro del agua corriente y séquelos uno a uno. Córtelos en dos o tres pedazos e introdúzcalos, junto con el perejil, la albahaca, la cebolla y el ajo, ligeramente picados, en una cazuela, sin añadir agua. Salpimiente y cocine, a fuego moderado, durante unos 45 minutos. Mantenga la cazuela tapada. De vez en cuando remueva con una cuchara de madera, para evitar que se pegue.

Una vez transcurrido ese tiempo, aparte la cazuela del fuego y deje que la conserva se enfríe completamente. Luego fíltrela con un tamiz y compruebe que la sal y la pimienta se encuentran en su punto. Si la conserva resultase excesivamente líquida, póngala nuevamente en el fuego y, sin taparla, déjela hervir hasta alcanzar la consistencia deseada.

Por otro lado, hierva los botes de vidrio en agua durante una media hora; déjelos secar y luego vierta dentro la conserva; no llene los botes, deje vacío un espacio de un par de centímetros entre la conserva y el borde del recipiente. Tape los botes y guárdelos en un lugar fresco y oscuro.

Esta conserva puede utilizarse para aderezar pastas, carne, guisos, etc.

Berenjenas al natural

Ingredientes
1 kg de berenjenas
agua
sal

Elija berenjenas maduras, fuertes, de forma alargada y a ser posible de la misma medida; porque son mucho más prácticas para conservarlas enteras. Lávelas cuidadosamente, séquelas y quíteles el tallo. A continuación, escáldelas durante 3 minutos y enfríelas con agua corriente.

Introdúzcalas en botes alargados de boca ancha, muy juntas pero sin aplastarlas. Recúbralas con agua salada (ponga dos cucharadas de sal por cada litro de agua). Cierre los botes herméticamente y esterilícelos 1 hora en agua hirviendo.

Col en conserva

Ingredientes
*1 kg de col
0,5 l de vinagre de vino
1 cucharada de sal
granos de pimienta
aceite*

Quite las primeras hojas de la col y el tronco. Corte la col en tiras anchas y sumérjalas en un bol lleno de agua fría. Déjelas en remojo al menos 1 hora, cambiando el agua un par de veces; luego lávelas bajo el grifo y déjelas escurrir.

En una cazuela ponga la misma cantidad de agua que de vinagre, la sal y los granos de pimienta. Introduzca la col y deje que hierva un par de minutos; luego escúrrala y extiéndala sobre un paño limpio.

Cuando la col esté seca introdúzcala en los tarros y rellénelos con el líquido de cocción. Vierta dos cucharadas de aceite, cierre herméticamente los botes y guárdelos en la despensa.

Espárragos enteros en conserva

Ingredientes
espárragos
agua
sal

Los espárragos deben ser carnosos, frescos y, si es posible, recién recogidos del huerto. Lávelos bien, descartando los que no sean perfectos o estén torcidos. Córtelos de forma que tengan todos el mismo tamaño. En cuanto acabe de limpiarlos y cortarlos, introdúzcalos en un bol lleno de agua.

Luego póngalos en un escurridor y sumérjalos en una cazuela llena de agua salada hirviendo. Manténgalos dentro 2 o 3 minutos y luego escúrralos.

Introduzca los espárragos en botes altos y de boca ancha con las puntas hacia arriba y rellene con agua salada (20 g de sal por litro de agua). Cierre los botes y esterilícelos durante 30 minutos; sáquelos del agua cuando estén tibios y asegúrese de que están bien cerrados.

Guisantes al natural

Ingredientes
guisantes
agua
sal
azúcar

Los guisantes deben ser dulces y de vaina tierna, porque son los de mejor calidad. Desgránelos.

Ponga en el fuego una olla de agua con sal; cuando empiece la ebullición, introduzca los guisantes y déjelos hervir a fuego fuerte durante 5 minutos.

Mientras tanto, escalde los botes de la forma acostumbrada.

Transcurridos los 5 minutos, refresque rápidamente los guisantes en agua corriente y escúrralos. A continuación, introdúzcalos en los botes.

Hierva agua con sal y azúcar (10 g de sal y 8 de azúcar por cada litro de agua) y deje enfriar. Viértala en los botes. Ciérrelos y esterícelos durante 1 hora.

Esta receta es muy sencilla y permite emplear los guisantes para distintos usos.

Judías al natural

Ingredientes
judías
agua
sal

Como ocurre con todas las verduras, lo mejor es que las judías estén recién cogidas o sean muy frescas. Se pueden conservar tanto las judías finas como las anchas.

Límpielas y quíteles los hilos y las puntas, lávelas bajo el chorro del agua corriente y escáldelas de 5 a 10 minutos, según su tamaño. Luego póngalas en un bol lleno de agua fría y escúrralas en un colador.

A continuación, introduzca las judías en los botes, de boca ancha, y rellene con agua salada (dos cucharadas de sal por cada litro de agua); durante la esterilización, la sal impregnará las hortalizas. Esterilice los tarros en agua hirviendo durante 1 hora. Cuando estén fríos, ciérrelos herméticamente.

Pimientos en conserva

Ingredientes
2 kg de pimientos rojos
500 g de pimientos verdes
1 l de vino blanco
1 l de vinagre blanco
1 ramillete de hierbas aromáticas (laurel, romero)
granos de pimienta
sal
aceite

Lave y seque cuidadosamente los pimientos, pártalos en dos y quite las semillas. Córtelos en tiras finas.

Ponga en una olla el vino, el vinagre y una cucharadita de aceite; sale y lleve a ebullición. Cuando hierva, introduzca los pimientos durante 5 minutos, apague el fuego y déjelos 3 minutos más.

Escalde los botes y déjelos secar.

Retire los pimientos de la olla y póngalos a escurrir primero en un colador y luego sobre una tela limpia.

Introduzca los pimientos en los botes, añada el ramillete de hierbas y los granos de pimienta y apriete bien. Vierta una capa de aceite de 1 cm de espesor y cierre el bote herméticamente. Puede consumir los pimientos justo al día siguiente.

Estos pimientos son deliciosos para acompañar la ensalada.

Tomates frescos en conserva

Ingredientes
tomates frescos
ácido salicílico

Los tomates deben ser carnosos y frescos. Lávelos en agua corriente, séquelos uno a uno con un paño de cocina y pínchelos con un tenedor. Páselos por el pasapurés, recoja la pulpa en un bol (previamente lo habrá pesado) y pésela. Añada 1 g de ácido salicílico por cada kilo de pulpa.

Mezcle bien con una cuchara de madera y vierta el puré en botellas o frascos de cierre hermético. Es conveniente guardarlos en la oscuridad.

ENCURTIDOS

El encurtido es el proceso de conservación de las verduras, crudas o cocidas, sometidas a la acción antiséptica del vinagre (impide el desarrollo de los gérmenes que contaminan los alimentos).

Las verduras más indicadas para ser conservadas en vinagre son las zanahorias tiernas, la coliflor, los nabos, las cebollitas, las puntas de espárrago, los tomates verdes y pequeños, los pimientos verdes pequeños o rojos, grandes y cortados en tiras, y los pepinillos.

Para elaborar encurtidos se deben elegir verduras frescas y sanas, y la sal puede ser común de mesa o de cocina. El vinagre ha de ser de buena calidad y de 6-7°; no son recomendables los de elaboración casera. Es habitual utilizar recipientes no excesivamente grandes, dado que, una vez abiertos, los encurtidos deben consumirse en poco tiempo.

También es posible conservar en un mismo recipiente verduras de varios tipos (jardinera); en ese caso, deben cortarse todas del mismo tamaño y mezclarse bien.

También para los encurtidos es válida la norma de colocar entre la tapa y el bote un disco de papel parafinado impregnado en alcohol o verter sobre la superficie del alimento un dedo de aceite.

Alcaparras en vinagre

Ingredientes
1 kg de alcaparras
1 l de vinagre
1 cucharadita de sal
hojas de estragón
granos de pimienta

En primer lugar, prepare el vinagre: sálelo y perfúmelo con los aromas indicados. Viértalo en un bote grande provisto de tapón esmerilado. A medida que vaya lavando las alcaparras, que deben ser verdes, globosas y consistentes, introdúzcalas en el frasco, bien apretadas. Pese cada vez la cantidad de alcaparras que añada, hasta alcanzar el peso indicado. Cierre el bote herméticamente y guárdelo en un sitio fresco.

Estas alcaparras pueden consumirse a los dos meses desde su preparación.

Cebollitas en vinagre

Ingredientes
*cebollitas pequeñas
vinagre puro de vino blanco
clavos de olor*

Conviene que las cebollitas sean de buena calidad y muy pequeñas. Elimine las primeras capas y sumérjalas, durante 5 minutos, en una cazuela con agua salada hirviendo. Sáquelas después con una espumadera, escúrralas completamente y extiéndalas sobre un paño limpio para que se sequen, durante algunas horas, dándoles la vuelta de vez en cuando.

Mientras, en una cazuela hierva el vinagre con algunos clavos (la cantidad de vinagre depende de la cazuela, pero tiene que cubrir por completo las cebollas); deje que se enfríe.

Cuando el vinagre esté frío, introduzca las cebollitas y déjelas macerar, con la cazuela tapada, durante 24 horas (el vinagre debe estar completamente frío para que no se cuezan las cebollas).

Retire después con una espumadera las cebollitas y vuelva a hervir el vinagre durante 10 minutos.

Una vez tibio, vuelva a sumergir las cebollas; cuando el vinagre se haya enfriado, quite los clavos, ponga las cebollitas en un frasco y cúbralas por completo con el vinagre. Cierre herméticamente el bote y guárdelo en un lugar fresco. Puede abrirlo un mes después de su preparación.

Col en vinagre

Ingredientes
1 col de 1 kg
1 cucharadita de azúcar
1 pizca de pimienta en polvo
granos de pimienta negra
1 palo de canela
1 l de vinagre de vino

Quite las primeras hojas y el tronco de la col, sumérjala en agua, sáquela y córtela en tiras finas con un cuchillo bien afilado.

Coloque las tiras de col en una bandeja y sálelas bien. Cubra la bandeja con una servilleta y deje reposar la col 10 horas.

Cuando haya transcurrido ese tiempo, vierta en una cacerola el vinagre, las especias y el azúcar; hierva durante 2 minutos aproximadamente. Aparte la cacerola del fuego y deje enfriar completamente.

Mientras, ponga las tiras de col en un tamiz y agítelo suavemente para que salte la sal.

Llene unas tres cuartas partes de los botes con la col y complete con el vinagre, eliminando los granos de pimienta; agítelos suavemente para que se mezcle bien el vinagre con la col.

Pepinillos en vinagre

Ingredientes
pepinillos pequeños
vinagre puro de vino
ajo
cebollitas
pimientos pequeños
clavos de olor
sal
pimienta

Vierta el vinagre en un bol y deje en maceración, por lo menos durante una semana, todos los aromas.

Entretanto, limpie los pepinillos verdes y escáldelos durante unos segundos. Escúrralos muy bien, extiéndalos sobre un paño de cocina y déjelos secar, si es posible al sol, dándoles la vuelta de vez en cuando.

Mientras, limpie cuidadosamente los botes. Cuando los pepinillos estén secos, llene con ellos los frascos, procurando que no queden espacios vacíos.

Vierta el vinagre, filtrándolo con un colador, y cierre los botes herméticamente. Guárdelos en la despensa. Al cabo de un mes ya podrá consumir los pepinillos.

Verduras en aceite

Otro método para alargar la vida útil de los alimentos es la conservación en aceite, que los aísla, evitando que entren en contacto con el aire.

En aceite se pueden conservar berenjenas, setas, alcachofas, olivas, etc., pero cada recipiente debe contener el mismo alimento. A diferencia de los encurtidos, las verduras en aceite no admiten mezclas.

Para la elaboración casera de este tipo de conservas es preferible utilizar aceite de oliva; no obstante, debido a su elevado precio, se puede sustituir por aceite de girasol, mucho más económico, completamente inodoro y de fácil digestión.

De nuevo en este caso, antes de cerrar los botes se tiene que forrar la parte interior de la tapa con un disco de papel parafinado.

Una vez abierta la conserva, es aconsejable consumirla en poco tiempo, puesto que es posible que se produzca el enranciamiento del aceite, que podría estropear el sabor de la verdura.

Alcachofas en aceite

Ingredientes
*alcachofas pequeñas
vinagre o zumo de limón
sal
laurel
aceite de oliva o de girasol*

Corte el rabo de las alcachofas y deshójelas hasta llegar al corazón. Con un cuchillo elimine las espinas, si las hay, y lave las alcachofas rápidamente en agua acidulada con zumo de limón o vinagre.

Ponga en el fuego una cazuela, preferentemente de hierro esmaltado o de barro, e introduzca las alcachofas, recúbralas con vinagre puro de vino y agregue un poco de sal y una hoja de laurel por cada 20 alcachofas. Deje que hierva a fuego lento durante 10 minutos.

Retire la cazuela del fuego y deje enfriar completamente. A continuación, escurra las alcachofas con un colador, agitándolo bien para eliminar todo el vinagre. Déjelas secar al aire.

Cuando estén secas, introdúzcalas en un bote de vidrio y recúbralas con aceite de oliva o de girasol. Cierre el recipiente y guárdelo en un lugar fresco y seco.

Berenjenas en aceite

Ingredientes
berenjenas maduras
aceite de oliva o de girasol
vinagre puro de vino
clavos de olor
perejil picado
laurel
sal

Lave cuidadosamente las berenjenas, séquelas con un paño de cocina y quíteles el rabo, pero no las pele. Córtelas en láminas, lo más finas posible, en sentido longitudinal. Extiéndalas sobre una mesa, bien alineadas, y sálelas. Déjelas marinando unas 10 horas. Después séquelas y expóngalas al aire 24 horas para que se sequen.

Transcurrido ese tiempo, en el fondo de una cazuela extienda una capa de berenjenas y vierta encima vinagre, vuelva a formar otra capa y eche más vinagre; prosiga la operación hasta llenar la mitad de la cazuela. Póngala entonces en el fuego, con la llama baja, y cuando las berenjenas empiecen a hervir, prolongue la cocción durante 10 minutos. Añada los clavos y cueza 5 minutos más.

Aparte la cazuela del fuego, deje que las berenjenas se enfríen un poco y sáquelas con una espumadera; extienda un paño de cocina limpio sobre una mesa y ponga encima las berenjenas; déjelas secar al aire, girándolas de vez en cuando.

Una vez secas, introdúzcalas en botes de vidrio, provistos de cierre hermético; vaya formando capas y recubra cada una con abundante aceite de oliva o de girasol, para que las berenjenas queden totalmente sumergidas. Por último, recubra la superficie con el perejil y añada una hoja de laurel.

Las berenjenas adquieren sabor a seta, y el aceite que queda en los botes es un fantástico aderezo de ensaladas.

Pimientos en aceite

Ingredientes
*pimientos rojos y verdes
vinagre de vino
sal
clavos de olor
guindillas picantes
1 puñado de perejil picado
aceite de oliva o de girasol*

En primer lugar, hay que limpiar los botes de vidrio que se utilizarán para la conserva. Ponga en el fuego una cazuela grande, llene tres cuartas partes con agua fría e introduzca los botes y las tapas (quite el aro de goma). Deje que hierva 30 minutos como mínimo y luego, uno a uno, saque los botes del agua y póngalos, boca abajo, sobre un paño, para que se sequen.

Lave los pimientos bajo el chorro del agua corriente. Córtelos en tiras anchas y elimine las semillas y filamentos. Ponga las tiras de pimiento en el fondo de una cazuela formando varias capas y recubra con vinagre. Añada un pellizco de sal y un clavo y una guindilla por cada 10 pimientos. Lleve a ebullición durante 10 minutos y, a continuación, con una espumadera, saque los pimientos, extiéndalos sobre un paño limpio y déjelos secar, dándoles vuelta con cierta frecuencia.

Después de varias horas, cuando los pimientos estén completamente secos, colóquelos en capas dentro de los botes, alternando las capas rojas con las verdes, o bien llenando cada recipiente con un solo color. Entre capa y capa vierta abundante aceite de oliva o de girasol. Llene tres cuartas partes de cada bote y recubra la superficie con perejil picado. Cuando vaya a consumir los pimientos escúrralos muy bien; con el aceite sobrante puede aderezar una ensalada de patatas, de zanahorias o de remolacha.

Verduras en salmuera

Cuando los alimentos se someten a la acción de una solución de agua y sal común se habla de conservación en salmuera. Son muchas las hortalizas que se pueden conservar de esta manera: judías verdes y blancas, zanahorias, pepinillos, coliflor, tiras de pimiento, pencas de apio, alcachofas, etc.

Antes de sumergirlas en la salmuera hay que limpiarlas, lavarlas, secarlas, escaldarlas durante unos minutos y escurrirlas concienzudamente.

Salmuera

Ingredientes (para 3 kg de verdura)
8 l de agua
500 g de sal gorda de cocina
5 g de hojas de laurel
50 g de hojas frescas de albahaca
2 g de bayas de enebro aplastadas y exprimidas

Vierta el agua en una olla grande e introduzca todos los ingredientes. Ponga la olla en el fuego y deje hervir unos 10 minutos. Retírela entonces del fuego y deje que la salmuera se enfríe completamente.

Antes de utilizarla, fíltrela con un colador primero y después a través de un paño. Viértala en los botes, con la verdura ya preparada, que ha de quedar completamente sumergida.

Cierre los botes herméticamente y guárdelos en un lugar fresco, seco y oscuro.

Espárragos en salmuera

Ingredientes
espárragos
vinagre
sal

Es conveniente que los espárragos sean frescos y duros. Córtelos todos a la misma medida, teniendo en cuenta que tendrá que colocarlos erguidos y que la tapa no ha de estropearles las puntas. Lávelos, póngalos en un colador y blanquéelos durante 3 minutos en una cacerola llena de agua hirviendo. Después, escúrralos, páselos por agua fría y extiéndalos sobre un paño de cocina limpio.

Entretanto, hierva agua y déjela enfriar; añada la misma cantidad de vinagre y eche 50 g de sal por litro.

Coloque los espárragos bien derechos en los botes, añadiendo tanta salmuera como admita.

Judías en salmuera

Ingredientes
judías
sal

Para la conservación en salmuera es mucho mejor utilizar judías gruesas. Lávelas bien y séquelas; elimine las puntas y hiérvalas durante 15 minutos; extiéndalas entonces sobre un paño para que eliminen toda el agua.

Una vez secas, introdúzcalas en los botes (es preferible que sean de boca ancha), hasta llenar tres cuartas partes de cada uno, añada sal de cocina en la proporción de 100 g por cada kilo de judías y, finalmente, rellene con agua hervida pero fría. Cierre herméticamente los tarros y guárdelos.

Para desalar las judías, cuando vaya a consumirlas, sumérjalas en una olla de agua hirviendo, déjelas dentro hasta que el agua esté tibia, escúrralas y páselas por el grifo del agua corriente.

Pimientos en salmuera

Ingredientes
pimientos rojos
sal

En primer lugar, limpie bien los pimientos, pártalos por la mitad y quíteles las semillas y los rabos; séquelos, escáldelos y escúrralos.

Introdúzcalos en un bote formando capas y entre una y otra vierta sal de forma que queden bien cubiertos; apriételos bien y acabe con una capa de sal.

Cierre herméticamente los botes y guárdelos. De esta manera se conservarán como si fueran frescos.

Cuando vaya a consumirlos, lávelos y sumérjalos en agua templada hasta que pierdan el exceso de sal.

Tomates en salmuera

Ingredientes
3 kg de tomates
6 l de agua
500 g de sal
laurel
hojas de albahaca

Los tomates, que deben estar maduros, han de ser fuertes y de la misma medida. Límpielos con un paño, póngalos en remojo durante 30 minutos y luego lávelos bien bajo el grifo de agua corriente, séquelos, escáldelos y escúrralos. Introdúzcalos en los botes.

Ponga una olla en el fuego, vierta dentro el agua y la sal, lleve a ebullición; apague el fuego y cuando el agua esté fría agregue el resto de ingredientes. Déjelos hervir durante 10 minutos aproximadamente; aparte la olla del fuego y espere a que la salmuera se enfríe completamente.

Fíltrela con la ayuda de un paño y viértala en los botes; los tomates tienen que quedar completamente sumergidos en la salmuera.

Verduras secas

Otra manera de disponer en invierno de verduras de verano, o al revés, es secándolas. El secado es un método muy simple que consiste en disminuir mediante evaporación el agua contenida en los alimentos hasta llegar al límite crítico para el desarrollo bacteriano. En el ámbito doméstico puede bastar con el calor del sol (desecación natural), pero es habitual recurrir al horno.

A continuación, se presenta una serie de normas que es necesario observar para proceder con éxito en el secado de cualquier tipo de verdura.

En primer lugar, las hortalizas tienen que recolectarse en su punto de sazón. Además, deben estar sanas y no presentar ninguna tara. Se limpian, se pelan y, si es necesario, se quitan los hilos de las habichuelas y se desgranan los guisantes y las habas.

Antes de proceder a la desecación, deben sumergirse en agua hirviendo, en la que se habrá disuelto sal de cocina, bicarbonato sódico o bisulfito sódico (la dosis exacta para cada hortaliza se indica más adelante). Gracias a este escaldado se destruyen los posibles microorganismos presentes en las verduras y se previene la aparición de moho.

Se necesita una olla con la capacidad suficiente para contener 10 l de agua, que ha de estar constantemente en ebullición. Cuando la verdura esté debidamente preparada, cortada, pelada y desgranada, se echa en un colador que pueda acoger unos 2 kg. Se introduce en el agua hirviendo durante el tiempo establecido y luego se escurre. A continuación, se deja secar la verdura al aire esparciéndola sobre un paño limpio de cocina y dándole vueltas con frecuencia. Por último, se extiende sobre la placa que se introducirá en el horno a temperatura media o se expone al sol.

La verdura puede considerarse completamente seca cuando, al aplastarla entre los dedos, se oye un sonido seco y no deja rastros de humedad.

Para guardar las verduras secas se utilizan bolsas de papel, limpias y sin agujeros, o bien botes de vidrio, muy limpios, secos y provistos de cierre hermético, para impedir que la humedad o el polvo alteren o estropeen el contenido. Conviene señalar que antes de guardar las verduras secas, es aconsejable dejarlas al aire durante un par de días.

Veamos ahora las indicaciones específicas de algunas verduras:

- Calabacines: se cortan ambos extremos, se parten por la mitad o en tiras, según el tamaño, se escaldan durante 1 o 2 minutos en agua con un 5 % de bisulfito sódico.

- Calabazas: se pelan, se parten por la mitad, se limpian de semillas y filamentos, y se cortan en tajadas de 1 cm de grosor. Se escaldan durante 30 segundos en agua hirviendo con un 5 % de bisulfito sódico. Se lavan bajo el chorro del agua corriente, se escurren y se dejan secar. La calabaza seca se utiliza para preparar sopas.

- Cebollas: se eliminan las dos primeras capas, se cortan en gajos y se sumergen en agua hirviendo con un 5 % de bisulfito durante medio minuto. Se enjuagan en agua corriente, se escurren y se dejan secar muy bien.

- Coles: se cortan (sólo las hojas) en tiras de 1 cm de grosor, se escaldan de 5 a 7 minutos en agua hirviendo con un 2 % de bicarbonato sódico y un 3 % de sal. Pueden usarse en la elaboración de caldos y sopas.

- Coles de Bruselas: se procede igual que con las coles. Remojadas en agua tibia, las coles de Bruselas se guisan de la forma acostumbrada, pero exigen menos tiempo de cocción.

- Coliflores: se eliminan las hojas y se dividen las flores en ramitos, que se escaldan en agua hirviendo con un 2 % de bicarbonato y un 3 % de sal durante 3 o 4 minutos.

- Espárragos: se escaldan 1 minuto en agua hirviendo con un 5 % de sal de cocina.

- Guisantes: se desgranan y se escaldan durante 3 o 4 minutos en agua hirviendo con un 2 % de bicarbonato sódico y un 3 % de sal.

- Judías: se desgranan y se sumergen en agua hirviendo con un 5 % de bisulfito durante 6-8 minutos. Se enjuagan bien en agua corriente y se ponen a secar.

- Judías verdes: si son grandes, se eliminan los hilos y se parten en dos, en sentido longitudinal. Se escaldan como las coliflores, durante 2 o 3 minutos. Se pasan por el chorro de agua fría antes de ponerlas a secar.

- Patatas: se pelan y se cortan en rodajas de medio centímetro. Las patatas necesitan dos baños: el primero con agua fría (10 g de sal por cada litro de agua) y el segundo con agua hirviendo y un 5 % de bisulfito sódico, durante 50 segundos. Se enjuagan rápidamente antes de ponerlas a secar.

- Pimientos: se eligen de distintos colores y se lavan, se cortan en tiras y se eliminan las semillas. Se escaldan en agua hirviendo con un 5 % de bisulfito durante 40 segundos. Se enjuagan, se escurren y se ponen a secar.

- Tomates: se cortan en tajadas o por la mitad, según su tamaño. Se eliminan los rabos y las semillas, y se echan durante 4 minutos en agua hirviendo con un 2 % de bicarbonato y un 3 % de sal. Hay que evitar que los tomates se sequen sobre planchas metálicas. Si se ponen en el horno, se lavarán cuidadosamente las placas no esmaltadas.

- Zanahorias: se cortan en tiras en sentido vertical y se escaldan en agua hirviendo con un 2 % de bicarbonato y un 3 % de sal durante 6 minutos aproximadamente. Las zanahorias secas pueden ser utilizadas en salsas, como guarnición de carnes y huevos y para elaborar sopas.

LAS ACEITUNAS

Auténtico regalo gastronómico y alimento de arraigada tradición, las aceitunas gozan de una gran popularidad en nuestro país. Como no pueden ser consumidas crudas, se someten a diferentes procesos para resultar comestibles (aceitunas de mesa): salmuera, secado, aliño, oxidado..., o bien se destinan a la fabricación de un preciadísimo aceite, alimento básico de la dieta mediterránea.

La aceituna es un alimento de alto valor nutritivo y gran aporte calórico, que contiene todos los aminoácidos esenciales y una cantidad apreciable de minerales y fibra, por lo que es muy interesante desde el punto de vista dietético y nutricional. Con la corteza, las hojas y los frutos del olivo se preparan cocimientos e infusiones que se utilizan, en medicina casera, para tratar fiebres persistentes, reumatismo, hipertensión, trastornos del oído, llagas, quemaduras, estreñimiento e inflamaciones del estómago, el riñón y el intestino.

Las recetas que explican cómo preparar aceitunas de mesa en casa se presentan en las siguientes páginas.

VALOR NUTRICIONAL POR CADA 100 G DE PORCIÓN COMESTIBLE

Energía: 165 kcal
Proteínas: 1,25 g
Vitamina B_2: 0,05 mg

Fibra: 4,8 g
Vitamina A: 5,41 µg
Vitamina PP: –

Carbohidratos: –
Vitamina B_1: 0,03 mg
Vitamina C: 0,07 mg

Aceitunas en salmuera

Ingredientes
3 kg de aceitunas verdes
8 l de agua
500 g de sal gorda
5 hojas de laurel
1 pellizco de coriandro (o cilantro)
1 puñado de albahaca
3 bayas de enebro aplastadas

Limpie las aceitunas de toda impureza y déjelas en remojo en agua fresca, que debe renovar diariamente, durante cuarenta días. Transcurrido ese tiempo, sáquelas, sumérjalas unos instantes en agua hirviendo y déjelas escurrir.

Mientras, prepare la salmuera: vierta en una olla grande los 8 l de agua y todos los aromas indicados. Ponga la olla en el fuego y llévela a ebullición; manténgala durante 10 minutos aproximadamente. Apártela entonces del fuego y deje que el agua aromatizada se enfríe. Fíltrela bien con la ayuda de un colador y si resulta algo turbia, fíltrela a través de un paño.

Llene los botes con las aceitunas y vierta el agua aromatizada, que debe sumergirlas sobradamente. Cierre herméticamente los botes y guárdelos en un lugar fresco y seco.

Aceitunas secas

Ingredientes
aceitunas
sal
hojas de tomillo desmenuzadas
hojas de laurel
semillas de hinojo

El tamaño de las aceitunas no importa, pero deben estar maduras y no tener ninguna tara. Déjelas secar al sol o en un horno a temperatura media.

Cuando estén completamente secas, colóquelas por capas en un gran recipiente de vidrio. Entre capa y capa añada un pellizco de sal, otro de tomillo, alguna hoja de laurel y una pizca de semillas de hinojo. La última capa ha de ser de hojas de laurel. Guarde los botes en un lugar fresco y seco.

Estas aceitunas secas han de consumirse en pocos meses, porque se vuelven rancias.

Aceitunas en aceite

Ingredientes
5 kg de aceitunas maduras
2 puñados de sal gorda
1 vaso de agua
4 hojas de laurel troceadas
1 cucharada de semillas de hinojo
aceite de oliva

Introduzca todos los ingredientes en un recipiente, preferentemente de vidrio o barro, y déjelos macerando durante dos semanas. Cada día, por la mañana y por la noche, remueva el contenido.

Pasado ese tiempo, escurra las aceitunas y séquelas, al sol o en un horno a temperatura media, procurando que se mantengan blandas.

Colóquelas en un bote de vidrio y recúbralas con varias cucharadas de aceite de oliva, que sirve para mantenerlas untadas y suaves.

Si le gustan los sabores fuertes, puede añadir a los aromas mencionados un diente de ajo machacado.

Aceitunas aliñadas

Ingredientes
2 kg de aceitunas
1 cucharada de tomillo, cominos, romero y hierbabuena picados
5 dientes de ajo
0,5 dl de aceite
1 cucharada de pimentón
0,5 dl de vinagre de vino
granos de pimienta negra
sal

Machaque las aceitunas de una en una, procurando no romper el hueso.

Colóquelas en una tinaja de barro, cúbralas con agua fría (previamente hervida y enfriada) y agregue la cucharada de hierbas aromáticas, la pimienta, dos dientes de ajo pelados y sal.

Caliente el aceite en una sartén y dore tres dientes de ajo, añada el pimentón y antes de que se tueste vierta el vinagre. Remueva bien y viértalo todo en la tinaja; tápela y deje las aceitunas en maceración durante 15 días aproximadamente. Si el pimentón es picante, suprima la pimienta, o si su sabor no le gusta, puede prescindir de él.

Sirva las aceitunas con un poco de su agua.

Aceitunas negras

Ingredientes
*2 kg de aceitunas negras
ramas de hinojo
sal*

Ponga las aceitunas en remojo durante 12 días, cambiando el agua varias veces al día. Transcurrido ese tiempo, introdúzcalas en tinajas o frascos grandes de cristal.

Hierva agua con sal (80 g por cada litro de agua). Déjela enfriar y cubra con ella las aceitunas, añada numerosas ramas de hinojo y deje macerando durante dos meses como mínimo. Entonces ya podrá consumirlas, pero también puede conservarlas así incluso un año.

Hierbas y vinagres aromáticos

Como no es posible disfrutar de hierbas aromáticas frescas durante todo el año, aunque pierdan algo de su perfume, se puede recurrir a diferentes técnicas de conservación, como la congelación, la conservación en azúcar o sal y la desecación, la más utilizada. En vinagre o aceite también se pueden conservar las hierbas, con la ventaja de que mantienen toda su fragancia natural; además, cuando, solas o mezcladas, se dejan macerar en un aceite o un vinagre lo convierten en un condimento mucho más sabroso que aporta un toque de novedad a las comidas.

Veamos cuáles son las principales características de las hierbas aromáticas más populares y cómo desecarlas y elaborar vinagres con ellas.

AJO

El ajo *(Allium sativum)* pertenece a la familia de las Liliáceas. La floración tiene lugar en pleno verano y la recolección del bulbo (la «cabeza»), dividido en gajos que se denominan dientes, se realiza a finales de esa misma estación.

El sabor del ajo no gusta a todo el mundo, porque es fuerte y persistente. Además de condimento esencial de la cocina mediterránea (realza el sabor de los platos), el ajo tiene numerosas propiedades terapéuticas que se han demostrado científicamente. Considerado el antibiótico natural por excelencia, el ajo es diurético, expectorante, estimulante, hipotensor, cardioprotector, fungicida, vasodilatador, desinfectante, etc.

Para secar ajos conviene que se recolecten los bulbos con 10 cm de tallo. Se ponen a secar al sol y, al cabo de unos días, se recogen en mazos de cinco o seis bulbos, que se cuelgan en un lugar seco, pero no excesivamente cálido. Se pueden utilizar hasta que empiecen a brotar yemas de los bulbos. En este momento deben desecharse, porque pierden sabor y, además, pueden resultar perjudiciales.

ALBAHACA

La albahaca *(Ocimum basilicum)*, planta herbácea de la familia de las Labiadas, es originaria de la India. De delicioso sabor y aroma, en muchos países de la cuenca mediterránea, especialmente en Italia, su uso como condimento está muy extendido, y en España cada vez goza de mayor popularidad.

Las hojas frescas, desecadas o conservadas en aceite son un exquisito aditivo para perfumar guisos y ensaladas.

En cuanto a los usos medicinales, la albahaca se emplea para preparar infusiones o cocimientos para prevenir la caída del cabello o combatir la halitosis. Tiene un ligero efecto sedante, es un remedio contra el insomnio, disminuye la flatulencia y facilita la digestión.

En definitiva, convendría tener siempre a mano un poco de albahaca, que puede cultivarse incluso en una maceta en el alféizar de la ventana.

ESTRAGÓN

El estragón *(Artemisia dracunculus)*, o dragoncillo o hierba serpentaria, pertenece a la familia de las Compuestas. De aroma picante y anisado, con un toque de heno, es muy apreciado en las tradiciones culinarias de muchos países.

En la cocina se puede utilizar en numerosas preparaciones: como condimento de muchas salsas, para aderezar ensaladas y aromatizar aceites y vinagres...

Desde el punto de vista medicinal, el estragón favorece la digestión, alivia el dolor de muelas, es diurético, vermífugo y antiséptico. Resulta adecuado en casos de inapetencia, flatulencia y parásitos intestinales.

LAUREL

Bellísima planta ornamental, el laurel *(Laurus nobilis)* pertenece a la familia de las Lauráceas y se encuentra en las zonas de clima templado. Tiene un aroma fresco y dulce.

Es un condimento muy común de legumbres, caldos, guisos de caza, adobos, escabeches, etc.

Además, es una planta medicinal de primer orden. Con sus hojas se preparan infusiones para tratar las contusiones, el reumatismo y las hemorroides. Tiene propiedades antisépticas, digestivas y diuréticas.

Las hojas deben recolectarse en marzo, durante la floración de la planta, en un día bien seco. Lo mejor es coger ramitas, dejarlas secar a la sombra y cuando las hojas estén completamente secas, se separan y se almacenan en botes de vidrio o sacos de piel.

MENTA

La menta *(Mentha piperita)*, o hierbabuena, pertenece a la familia de las Labiadas y tiene un característico e intenso aroma dulzón y fresco; es agradable, picante y deja un regusto refrescante. Sus hojas, tanto frescas como desecadas, se emplean en numerosas preparaciones culinarias: además del apreciado té de muchos países árabes, con menta se elaboran guisos de legumbres y asados, se aderezan ensaladas, se potencian salsas y sopas, y se aromatizan aceites y vinagres.

Las propiedades tónicas, calmantes, digestivas, antisépticas y antiespasmódicas de la menta son muy conocidas. Es un remedio muy eficaz contra las palpitaciones cardiacas, la excitación nerviosa y el insomnio.

Para secar esta hierba aromática, se deja a la sombra toda la planta: el tallo y las flores, pero se elimina la raíz. Una vez seca, se guarda en botes de vidrio.

ORÉGANO

Perteneciente a la familia de las Labiadas, el orégano *(Origanum vulgare)* es uno de los condimentos básicos de la cocina italiana, pero su uso en nuestra gastronomía también está muy difundido.

Tiene un penetrante aroma y un sabor más picante que la mejorana, la variedad cultivada, y con un ligero toque amargo.

En la cocina, se emplean las hojas como condimento y para la preparación de vinagres aromáticos. El orégano resulta excelente en arroces, pasta, pizzas y salsas de tomate en particular.

Desecadas a la sombra, sus flores y hojas se emplean en infusiones para tratar abscesos, neuralgias, asma, catarro bronquial, enfriamientos, reumatismos, etc. Es expectorante, calmante y regulador.

Para desecar orégano se cuelgan manojos boca abajo en un lugar ventilado y a la sombra. Cuando estén completamente secos, se guardan enteros o desmenuzados en botes, que se almacenan en un lugar fresco y seco.

PEREJIL

El perejil *(Petroselinum sativum)* es la hierba aromática por excelencia de nuestra cocina. Pertenece a la familia de las Umbelíferas, florece desde mayo hasta octubre y es bienal.

Tiene un inconfundible aroma y se puede usar en casi cualquier preparación culinaria. Las hojas machacadas se añaden a los picadillos, también se espolvorea perejil sobre huevos, sopas, pescados... y es el ingrediente fundamental de muchas vinagretas.

Respecto a su valor terapéutico, cabe destacar que el perejil es diurético y, en consecuencia, eficaz contra la hidropesía; se usa en el tratamiento de abscesos, heridas y contusiones; detiene las hemorragias nasales, desintoxica el hígado, alivia los cólicos renales, se emplea contra la hipertensión, el meteorismo (gases intestinales), las menstruaciones dolorosas y difíciles, el escozor de ojos, las picaduras de los insectos, la acidez del estómago y la flatulencia.

En medicina natural se utilizan, convenientemente desecadas a la sombra y almacenadas en botes de vidrio, las raíces, las hojas y las semillas; estas últimas no pierden en absoluto su eficacia con la desecación.

ROMERO

El romero *(Rosmarinus officinalis)* es un arbusto de la familia de las Labiadas de tallo leñoso y hojas pequeñas, delgadas y aromáticas. Las flores se reúnen en espigas terminales y tienen corolas azuladas o blancuzcas.

La planta es muy olorosa y se emplea como condimento en la cocina y para preparar aceites aromáticos en perfumería y farmacia, debido a sus aceites esenciales y principios activos, que le confieren notables propiedades tónicas, excitantes y estimulantes.

Con las hojas frescas o secadas a la sombra se preparan emplastos, vinos aromáticos, cocimientos y baños para el tratamiento de abscesos, asma, catarros, jaquecas, agotamiento físico e intelectual, fiebre, heridas, hidropesía, gripe, reumatismo y trastornos de estómago.

TOMILLO

El tomillo *(Thymus vulgaris)* es una planta de intenso aroma que crece espontáneamente en casi toda España. Las hojas, pequeñas y ovaladas, son de color gris ceniciento y las flores, que se abren entre marzo y julio, tienen corolas purpúreas o rosadas y raramente blancas. Las hojas contienen minúsculas glándulas oleíferas con sustancias de notable valor digestivo.

El tomillo es uno de los condimentos más populares de nuestra gastronomía. Aromatiza sopas, marinadas, guisos, asados, etc., y resulta ideal cocinarlo con carnes grasas, porque las hace más digestivas.

El tomillo es un poderoso antiséptico, antiespasmódico, cicatrizante y vermífugo. En infusión o cocimiento, se emplea para el tratamiento de la halitosis, heridas y llagas. Estimula las defensas y la aromaterapia prescribe su aceite esencial en caso de bronquitis, anginas, otitis, sinusitis e infecciones urinarias y cutáneas.

SECADO DE HIERBAS AROMÁTICAS

Un primer consejo que conviene seguir a la hora de secar hierbas aromáticas es recolectarlas cuando el tiempo es seco y hace varios días que no ha llovido. Una vez recogidas, se limpian bien y, procurando que no se mezclen, se extienden sobre un paño de cocina y se ponen a secar al aire, en un lugar a la sombra y donde no haya polvo; se pueden cubrir con una gasa para que no atraigan a los insectos. Durante la desecación hay que darles la vuelta para que se sequen completamente. En lugar de extenderlas sobre un paño, también se pueden colgar en ramilletes boca abajo.

Una vez finalizado el proceso, que tardará de dos a ocho días, se guardan en bolsas de papel o en botes de vidrio limpios y secos, y en cada recipiente se añade una etiqueta con el nombre de la hierba que contiene. Conviene almacenarlos en un lugar oscuro, seco y con buena ventilación.

Si se desea, una vez desecadas, las hierbas se pueden triturar o incluso pulverizar con la ayuda de una cuchara. No obstante, es más recomendable guardarlas enteras.

Media hora antes de utilizar las hierbas como condimento se deben poner en remojo en agua tibia.

Vinagre aromatizado al ajo

Ingredientes
40 g de ajo finamente picado
10 g de cebolla finamente picada
8 g de canela en rama
4 g de nuez moscada
15 g de romero seco
15 g de salvia seca
10 g de tomillo seco
1 l de vinagre blanco
10 g de ácido acético cristalizado

Introduzca las hierbas secas sin desmenuzar en una botella de cuello ancho y vierta el vinagre, que debe haber mezclado con el ácido acético (puede adquirirse en la farmacia). Agite enérgicamente la botella y almacénela en un lugar fresco y oscuro durante dos semanas.

Transcurrido ese tiempo, eche en la botella el ajo y la cebolla finamente picados, la nuez moscada y la canela. Agite de nuevo la botella y déjela reposar otros 15 días. Después filtre el vinagre, viértalo en una botella de cierre hermético y guárdelo en la despensa.

Con este vinagre se puede aliñar todo tipo de ensaladas; como tiene un sabor fuerte, se usa junto con una cantidad igual de vinagre blanco.

Vinagre aromático de primavera

Ingredientes
1 cebolleta tierna
1 puerro
1/2 diente de ajo
1 puñado de hojas de albahaca
1 puñado de hojas de estragón
1 ramita de romero
10 hojas de salvia
1/2 hoja de laurel
1 clavo de olor
2 claras de huevo
1,5 l de vinagre blanco

Trocee la cebolleta, el puerro y la hoja de laurel. Aplaste el ajo y rompa ligeramente las otras hierbas aromáticas. Viértalo todo, junto con el clavo, en una botella y añada la mitad del vinagre. Cierre la botella herméticamente y déjala reposar en un lugar fresco durante cinco semanas.

Pasado ese tiempo, filtre el vinagre con un colador y agregue el vinagre restante y las dos claras de huevo batidas a punto de nieve. Cierre la botella y déjala reposar de nuevo durante cinco o seis días.

Coloque en el cuello de una botella un embudo con un filtro de papel. Vierta el vinagre y fíltrelo lentamente. Cierre bien la botella y guárdela en un lugar oscuro y fresco.

Este vinagre es ideal para aderezar judías secas cocidas, patatas hervidas, coliflor y remolacha.

Vinagre de los seis perfumes

Ingredientes
15 g de estragón
15 g de albahaca
10 g de mejorana
5 g de tomillo
3 g de nuez moscada en polvo
1 clavo de olor
1 pellizco de sal
1 l de vinagre blanco

Triture ligeramente las hierbas, introdúzcalas en una botella y vierta el vinagre junto con el resto de ingredientes. Cierre la botella herméticamente y deje que los aromas permanezcan en infusión durante tres semanas. Filtre entonces el líquido, póngalo en una botella y guárdela en la despensa.

Con este vinagre se puede aderezar todo tipo de ensaladas y verduras cocidas.

Vinagre de alcaparras

Ingredientes
*3 cucharadas colmadas de alcaparras frescas (o conservadas en sal)
1 l de vinagre
sal*

Si utiliza alcaparras conservadas en sal, lávelas antes bajo el chorro del agua corriente.

Caliente el vinagre con un pellizco de sal, añada las alcaparras y viértalo todo dentro de una botella; deje las alcaparras en maceración durante tres semanas, agitando la botella cada dos o tres días.

Coloque después un embudo con un paño blanco limpio en el cuello de una botella, vierta el vinagre y, una vez filtrado todo el líquido, apriete bien el paño para extraer el máximo perfume posible de las alcaparras.

Este vinagre se usa para aderezar ensaladas a base de verdura, huevos duros, anchoas..., pero también para preparar salsas o condimentar pastas o coliflor hervida.

Vinagre de cebollas frescas

Ingredientes
2 cebollas frescas
1 pellizco de sal
1 l de vinagre blanco

Caliente ligeramente el vinagre con la sal y viértalo en un bote. Déjelo enfriar y añada las cebollas frescas troceadas. Cierre el bote herméticamente, agítelo varias veces durante 2 horas y guárdelo después en un lugar fresco, donde debe dejarlo reposar durante 15 días.

Transcurrido ese tiempo, se filtra el vinagre con ayuda de un colador forrado con un paño y se recoge en una botella.

Este vinagre se emplea para aderezar ensaladas y transformar el sabor de cualquier salsa, incluso la bechamel, que resultará sorprendente.

Vinagre de menta

Ingredientes
4 o 5 hojas de menta fresca
0,6 l de vinagre blanco

Lave y seque bien las hojas de menta. Hierva el vinagre y luego déjelo enfriar.

Introduzca la menta en una botella y vierta el vinagre. Cierre la botella y deje reposar el vinagre en un lugar cálido durante dos o tres semanas, hasta que adquiera sabor a menta.

Este vinagre es perfecto para aliñar cualquier tipo de ensaladas, especialmente en verano porque aporta un toque refrescante.

Vinagre picante de mostaza

Ingredientes
1 l de vinagre rojo
1 puñadito de perejil
1 ramita de tomillo
1 poco de mejorana
1 ramita de romero
1 pellizco de orégano
1 puñado de albahaca
1 hoja de laurel
1 pedacito de penca de apio blanco
10 g de canela
5 g de pimienta
5 g de nuez moscada
1 cucharada de mostaza en polvo
2 cucharadas de sal fina
50 g de aceite de oliva

En primer lugar, triture todas las hierbas frescas y póngalas en una botella grande, junto con la mitad del vinagre. Pique el apio e introdúzcalo en la botella. Agregue todas las especias reducidas a polvo, excepto la mostaza, que se reserva.

Agite enérgicamente la botella varias veces durante 2 horas; después, guárdela en un lugar fresco y déjela reposar tres semanas. Pasado este tiempo, vierta el preparado en un mortero, que no debe ser metálico (el metal falsearía el sabor de la salsa), y con la mano del almirez aplaste las hierbas para obtener el máximo aroma posible. Mientras realiza esta operación, vaya añadiendo poco a poco la mostaza y el vinagre restante.

Mezcle cuidadosamente y agregue la sal y el aceite. Debe obtener un producto bastante denso y muy perfumado, que tiene que verter en un recipiente de cierre hermético.

Con este vinagre se aderezan ensaladas, patatas hervidas, huevos duros, carne de ternera, buey y pollo, y pescados.

Vinagre picante de pimiento

Ingredientes
6 pimientos rojos picantes
1 diente de ajo
1/2 cucharada de sal fina
1 l de vinagre rojo

Para la preparación de este vinagre es conveniente utilizar un recipiente de vidrio con cierre hermético.

Lave cuidadosamente los pimientos, quíteles el rabo y córtelos en pedacitos; échelos en el recipiente, junto con el diente de ajo entero, pero ligeramente aplastado, la sal y el vinagre.

Deje en infusión durante quince días y cada dos agite el recipiente. Luego filtre el líquido, viértalo en una botella y ya estará listo.

Este vinagre resulta excelente como aliño de ensaladas a base de patatas hervidas o de lechuga, espinacas, nabos..., pero también como condimento para la remolacha, para preparar salsas picantes y para aderezar huevos duros.

ÍNDICE DE RECETAS

A

Aceitunas en aceite, 139
Aceitunas aliñadas, 140
Aceitunas negras, 141
Aceitunas en salmuera, 137
Aceitunas secas, 138
Albaricoques en almíbar, 27
Alcachofas en aceite, 124
Alcaparras en vinagre, 119

B

Berenjenas en aceite, 125
Berenjenas al natural, 111

C

Carne de membrillo y manzanas reinetas, 71
Cebollitas en vinagre, 120
Cerezas en alcohol, 33
Cerezas en jarabe y aguardiente de orujo, 34
Cerezas negras conservadas en alcohol, 35
Cerezas al ron, 32
Ciruelas pasas en aguardiente, 40
Col en conserva, 112
Col en vinagre, 121
Compota de ciruelas pasas, 38
Confitura de berenjenas, 107
Confitura de frambuesa, 41
Confitura de melón, 74
Conserva de calabaza amarilla, 108
Conserva de cerezas, 36
Conserva de fresas, 46
Conserva de guindas, 53
Conserva de limón, 55
Conserva de melocotón (n.º 1), 63
Conserva de melocotón (n.º 2), 64
Conserva de membrillos, 70
Conserva de naranja, 78
Conserva de nísperos, 84
Conserva de tomate, 110

E

Espárragos enteros en conserva, 113
Espárragos en salmuera, 129

F

Fresones en conserva, 48

G

Granos de uva al caramelo, 89
Grog con ginebra, 58
Guindas en aguardiente, 52
Guirlache de avellanas, 31
Guisantes al natural, 114

J

Jalea de albaricoque, 29
Jalea de cerezas, 37

Jalea de frambuesa y grosella, 42
Jalea de frambuesa y grosella silvestre, 43
Jalea de granada, 50
Jalea de limón con zumo de manzanas, 56
Jalea de membrillo, 72
Jalea de naranja, 80
Jalea de naranja con zumo de manzana, 81
Jarabe de frambuesas, 44
Jarabe de granadas, 51
Jarabe de guindas, 54
Jarabe de limón, 57
Jarabe de moras, 76
Jarabe de uva, 92
Judías al natural, 115
Judías en salmuera, 130

L

Licor de fresas, 45
Licor de huesos de albaricoque, 30
Licor de mandarina, 59
Licor de naranja, 82

M

Mandarinas en alcohol, 60
Melocotones en aguardiente, 65
Melocotones en almíbar y alcohol (n.º 1), 67
Melocotones en almíbar y alcohol (n.º 2), 68
Melocotones en jarabe de aguardiente, 66
Mermelada de albaricoque, 28
Mermelada de ciruelas claudias, 39
Mermelada de fresas al limón, 47
Mermelada de manzana con limón, 61
Mermelada de melocotón, 62
Mermelada de melón, 73
Mermelada de membrillo, 69
Mermelada de mora, 75
Mermelada de naranja a la inglesa con limón, 79
Mermelada de peras, 85
Mermelada de tomate, 109
Mermelada de uva, 90
Mermelada de uva moscatel y peras, 91

N

Naranjas en aguardiente, 77

P

Pepinillos en vinagre, 122
Peras en almíbar, 86
Pimientos en aceite, 126
Pimientos en conserva, 116
Pimientos en salmuera, 131
Piña en almíbar, 88
Piña y fresas conservadas en aguardiente, 87

R

Ratafía de fresas, 49
Ratafía de naranja, 83

S

Salmuera, 128

T

Tomates frescos en conserva, 117
Tomates en salmuera, 132

U

Uvas en alcohol, 93

V

Vinagre de alcaparras, 150
Vinagre aromático de primavera, 148
Vinagre aromatizado al ajo, 147
Vinagre de cebollas frescas, 151
Vinagre de menta, 152
Vinagre picante de mostaza, 153
Vinagre picante de pimiento, 154
Vinagre de los seis perfumes, 149

www.ingramcontent.com/pod-product-compliance
Lightning Source LLC
Chambersburg PA
CBHW080639170426
43200CB00015B/2895